생각보다 가까운 중동

생각보다 가까운 중동

초판 1쇄 발행 2025년 10월 31일

지은이 원요환
펴낸이 강수걸
편집 이소영 강나래 오해은 이선화 이혜정 유정의 한수예
디자인 권문경 조은비
펴낸곳 산지니
등록 2005년 2월 7일 제333-3370000251002005000001호
주소 부산시 해운대구 수영강변대로 140 BCC 626호
전화 051-504-7070 | 팩스 051-507-7543
홈페이지 www.sanzinibook.com
전자우편 sanzini@sanzinibook.com
블로그 sanzinibook.tistory.com

ISBN 979-11-6861-529-8 03300

*책값은 뒤표지에 있습니다.
*잘못된 책은 구입하신 곳에서 교환해드립니다.

생각보다 가까운 중동
두바이 파일럿이 들려주는 중동의 모든 것

원요환 지음

산지니

프롤로그

"죽기 직전에 못 먹은 빵이 생각날 것 같아요, 아니면 못다 이룬 꿈이 기억날 것 같아요?"

순간 말문이 막혔다. 낡은 명언집에 나올 법한 이 문장. 한 후배가 술에 취해 내게 던진 한마디였다. 나는 당시 20대 후반 인생의 갈림길에 서 있었다. 이대로 평탄한 길을 계속 걸을 것인가, 아니면 새로운 도전을 할 것인가. 그 질문은 내 마음 깊숙이 파고들었다.

사실 그전까지 내 삶은 꽤나 교과서적이었다. 대학을 졸업한 뒤 안정된 직장과 탄탄한 경력을 갖고 있었고 더 나아가 석사 논문도 쓰고 있었다. 하지만 '이대로 살아도 괜찮은 걸까?'란 생각이 가끔씩 스쳐 지나갔다. 인생은 긴

데, 지금 이대로 멈춘다면 평생 후회하지 않을까 하는 불안감이 밀려왔다.

결국 모든 것을 내려놓기로 했다. 2017년의 어느 날, 잘 다니던 언론사를 제 발로 걸어 나와 파일럿이 되기 위해 중동으로 향하기로 결심했다. 낯선 도시와 새로운 직업으로의 완전한 전환이었다.

아랍에미리트 두바이로의 이동은 전혀 인생 계획에 없었던 일이었다. 특히 비행과는 전혀 상관없는 전공과 커리어를 지녔던 나에게는 더더욱 낯선 결정이었다. 주변 사람들은 '왜 하필 중동이냐'며 의아해했고, 나 역시 스스로에게 그 질문을 던지곤 했다. 한국에서 파일럿을 준비하는 9할 이상의 학생들은 보통 국내에서 하거나 미국행을 선택하기 때문이다.

지금에야 두바이가 '두바이 초콜릿' 등으로 제법 유명해졌지만, 당시만 하더라도 두바이는 대부분 사람들에게 미지의 땅이었다. 그러나 그런 미지의 영역에 오히려 끌렸다. 서구와는 다른 매력을 지닌 아랍의 중심지, 급속히 성장하는 중동의 허브 두바이에서 새로운 기회를 발견하고 싶었다. 이왕 늦게 시작한 도전이라면 남들이 다 가는 길보다는 아직 누구도 주목하지 않은 장소에서 나만의 길을 찾아가고 싶었다.

물론 결정은 쉽지 않았다. 안정된 직장을 그만두고, 가족과 떨어져 낯선 땅에서 새 출발을 한다는 것은 결코 단순한 일이 아니었다. 밤잠을 설치며 스스로에게 끊임없이 물었다. "이 선택이 정말 옳은가?" "너무 무모한 것은 아니었을까?" 그리고 "과연 나는 할 수 있을까?"까지.

솔직히 두바이에 도착한 후의 현실은 생각보다 더 험난했다. 연고도 전혀 없었고, 외국 생활도 처음이었던 터라, 이국적인 환경 속에서 맞닥뜨린 언어의 장벽과 문화의 차이는 예상보다 더 컸다. 하지만 매일 학습하고 훈련하며, 파일럿으로의 길을 한 걸음씩 걸어갔다. 실패와 좌절도 있었지만, 그럴 때마다 내가 이 길을 선택한 이유를 떠올리며 스스로를 다잡았다.

세월이 흐른 지금, 이 모든 것이 추억이 되었고 현재 나는 두바이를 기점으로 전 세계를 누비고 있다. 그리고 중동 시장의 가능성을 믿었던 선택이 틀리지 않았음을 실감하고 있다. 두바이란 도시는 내가 상상했던 것 이상으로 크고 활기찬 곳이다. 중동의 허브를 넘어 전 세계의 지식공장으로 거듭나기 위해 매일 파괴적 혁신의 길을 걷고 있다.

이 책은 결국 '왜 나는 이 길을 택했는가?'라는 질문에 대한 내 대답이다. 이곳에서의 삶은 단순한 직업 전환이 아닌, 인생의 새로운 방향을 설정하는 결정이었다. 그리고 이곳은 무한한 가능성의 땅이자, 나의 두 번째 인생의 무대가 되었다. 이제는 여러분들의 차례일 것이라 확신한다.

중동과 관련해 각 매체와 언론에 기고했던 글 중에서 특별히 아끼는 것들을 선별하고 정리해 이 책에 담았다. 또한 알려주고 싶거나 하고 싶은 얘기들도 많이 새롭게 썼다. '한국 기자 출신 조종사'라는 독특한 정체성을 가진 한국인의 시각으로 본 중동과 아랍의 문화를 더 많은 이들과 나누고 싶다. 이 책을 읽고 많은 직장인들과 청년들이 중동에 관심을 갖고 이곳에 진출했으면 좋겠다는 바람이다.

이 모든 여정에서 항상 믿어주고 응원해준 아내 이유진과 쌍둥이 아들 이재·이찬이에게 감사의 마음을 전하고 싶다. 아무리 노력해도 가족의 도움이 없었더라면 그동안 이뤄낸 작은 성과들조차 없었을 것이다. 나중에 둥이들이 내가 살아온 궤적이 적힌 이 책을 읽으며 아빠를 자랑스럽게 생각해준다면 그것보다 기쁜 일은 없을 것 같다.

이제 나의 질문이다. 당신은 지금 어떤 길 위에 서 있는가? 언젠가 인생을 돌아봤을 때, 후회 없는 선택을 했다고 말할 수 있을까? 이 책이 당신의 새로운 도전에 작은 용기가 될 수 있길 바란다.

차례

프롤로그   5

1부 두바이, 기회의 땅에서 살아가기

두바이에서 아랍어 쓰지 않고 살아남기	15
두바이에 사는 한국인이 행복한 아홉 가지 이유	20
"빨리 빨리!" 알고 보면 한국인과 비슷한 성격의 아랍인들	28
파일럿 스쿨에서 경험한 라마단	34
한국인이 알면 좋은 '라마단 에티켓'	40
단맛에 혈관도 비명 지르는 아랍 디저트 4선	45
한국인이 두바이에서 흔히 하는 실수	53
두바이 vs 서울 물가, 어디가 더 비쌀까	58
'아부 무함마드 핫산 이븐 후세인 이븐 할릴 알 꾸드시'… 한 사람 이름이라고?	63
중동 일부다처제에 무슨 일이?	70
두바이엔 없고 한국에만 있는 것들	75
한국인이 봐도 파격적인 두바이 법	80
'육아 천국' 두바이는 무엇이 다르나	86

2부 중동, 우리가 몰랐던 세계

아랍과 중동, 무엇이 다를까?	97
중동 여행 갈 건데… '히잡' 꼭 써야 하나요?	103
사우디를 이해해야 네옴(NEOM)이 보인다	112
네옴의 아버지, 무함마드 빈 살만	123
중동 IT산업을 이해하는 네 가지 키워드	135
석유 왕국이 변하고 있다	142
중동에 진출하고자 하는 한국 기업을 위해	147
이스라엘과 이란 관계는 왜 이럴까	154
아랍에미리트·사우디·카타르의 삼각 외교	163
러-우 전쟁으로 아랍 국가들이 득 봤다고? 오해와 진실은…	173
중동에선 전쟁 당사자들이 함께 일한다… 　　이를 바라보는 네 가지 유형	182
잉글랜드 프리미어 리그에서 펼쳐지는 　　중동 왕족들의 오일머니 경쟁	190
IMF가 보는 사우디의 경제전망	203
두바이 vs 리야드, 아랍 최고의 도시는 어디?	208
작지만 강한 나라 카타르가 살아남는 법	216
왜 잘나갔던 중동 제국들의 후손은 가난할까?	229
참고문헌	254

1부

두바이, 기회의 땅에서 살아가기

두바이에서
아랍어 쓰지 않고 살아남기

아랍에미리트(UAE)의 언어는 그 나라 이름에서도 드러나 있듯이 아랍어다. 하지만 아랍에미리트에서 실제로 살아보면 아랍어보다는 영어가 더 많이 들릴 것이다. 이는 아랍에미리트에서 외국인이 차지하는 비중이 매우 높기 때문에 아랍어보다는 세계에서 가장 많이 쓰이는 공용어인 영어가 의사소통 수단으로 사용되기 때문이다.

아랍에미리트에 거주하는 많은 사람들이 인도, 방글라데시, 파키스탄, 필리핀 등 아랍어를 사용하지 않는 제3세계 국가 출신이고, 아랍에미리트의 정부기관이나 각 기업에서 활동하는 유럽계와 미국 출신의 외국인들 역시 아랍어가 아닌 영어로 소통하는 것이 훨씬 편하다.

내 경우에도 거의 10년째 아랍에미리트 두바이에서 살고 있지만 아랍어를 쓴 일은 손에 꼽을 정도로 적다. 99%의 경우 영어만 썼으며 그럼에도 불구하고 사는 데 불편함이 전혀 없었다.

영어가 더 많이 쓰이는 나라

때문에 아랍에미리트에 오면 사실상 영어가 주류고 아랍어가 보조언어인 듯한 느낌마저 받을 수 있다. 사실상 영어 공용 국가나 마찬가지이며 외국인은 아랍어를 전혀 몰라도 생활하는 데 아무런 문제가 없다.

거의 모든 표지판에 아랍어와 영어가 병기되어 있으며, 광고판과 식당의 간판 역시 거의 영어로 쓰여 있다. 카페나 레스토랑에서 들리는 언어 역시 아랍어보다는 영어가 많고, 대학교 강의도 영어로 진행되는 경우가 많다.

오히려 아랍에미리트 현지인이 영어를 잘 못하면 일상생활에서 큰 불편을 겪곤 한다. 특히 서비스업계에서 일하는 많은 이들이 필리핀이나 인도 출신인 만큼, 영어에 능숙하지 않으면 식당에서 음식 주문 같은 간단한 일을 하는 것조차 어려움을 겪을 수 있다. 대부분의 베이비시터가 필리핀 출신인 점을 고려하면, 아이의 교육이나 건강 관리에 있어서도 중요한 소통이 어려울 수 있다.

그렇기에 아랍에미리트의 많은 현지인들은 영어를 능숙하게 사용한다. 특히 젊은층을 위주로 교육 수준이 높은 이들 중에는 영어를 거의 완벽하게 구사하는 사람들이 많다. 이는 어릴 때부터 해외 유학을 다녀오거나 아랍에미리트 내의 국제학교에서 교육을 받은 결과다.

미국 영어보다는 영국 영어

아랍에미리트에서는 미국식 영어보다는 영국식 영어가 선호된다. 이는 아랍에미리트가 1970년대 초반까지 영국의 지배를 받아 아직 그 잔재가 많이 남아 있기 때문이다.

아랍에미리트 왕가 통치자들도 어린 시절에 주로 미국보다는 영국으로 유학을 떠나 그곳의 사립학교와 옥스퍼드, 케임브리지 등 영국 명문대를 졸업한 케이스가 많다. 예컨대 두바이의 통치자인 셰이크 무함마드 빈 라시드 알막툼은 어릴 때 영국으로 건너가 사관학교에 다니며 군사와 행정을 공부했다. 아들인 왕세자 함단 알막툼의 경우도 마찬가지다. 그는 영국 샌드허스트 육군사관학교와 런던 정경대를 졸업했다.

그래서 그런지 시내 곳곳에서 영국식 영어의 흔적을 손쉽게 찾아볼 수 있다. 예를 들어 아랍에미리트에서 가장 큰 쇼핑몰 브랜드 중 하나인 시티센터(city centre)는 철자를 쓸 때 미국식 영어인 'center'가 아닌 영국식 영어인 'centre'를 따르고 있다. 또한 미국식 영어에서는 'License' 하나로 명사(자격증)와 동사(자격을 부여하다)의 뜻을 모두 표현하지만, UAE에서는 영국식으로 'Licence(명사)'와 'License(동사)'를 구분하여 사용한다. 소소한 차이지만, 알아두면 재미있는 문화적 요소다.

아랍어의 중요성

그럼에도 불구하고 아랍에리미트에서 아랍어를 구사할 수 있으면 매우 유리하다. 한국사람도 외국인이 영어보다는 서툰 한국어로 말을 걸면 더 좋아하듯이 아랍에미리트 사람들도 마찬가지다. 마음을 서로 여는 데 있어 현지언어로 소통하는 것보다 좋은 수단은 없기 때문이다.

현지인들은 대개 영어로 대화하는 것에 익숙하지만

외국인이 아랍어를 쓰면서 인사하면 매우 고마워한다. 보통 "살람 알라이쿰(당신에게 평화가 깃들기를)"이라고 인사하면, "와 알라이쿰 앗살람(당신 또한 평화가 깃들기를)"이라고 인사말을 건넨다. 이 인사말은 전화나 이메일에서뿐 아니라 얼굴을 맞대고 인사할 때도 사용한다.

    나아가 아랍어를 할 줄 안다면 아랍에미리트뿐 아니라 아랍권의 모든 사람과 소통할 수 있는 기회를 얻게 될 것이다. 아랍어 사용 인구는 전 세계적으로 3억 명이 넘는다. 세계에서 가장 많이 사용되는 언어 중 하나이다. 또한 영어, 중국어, 스페인어, 러시아어, 프랑스어와 함께 유엔의 공식 언어 중 하나이다. 그러니 아랍 여행을 계획하고 있거나 업무차 아랍권 사람을 만날 일이 있다면 기본적인 아랍어 표현을 배워두는 게 어떨까.

두바이에 사는 한국인이
행복한 아홉 가지 이유

사실 사람 사는 것이 비슷비슷하다. 외국 생활이 마냥 천국인 것도 아니고, 우리나라를 '헬조선'이라고 말해도 막상 외국에 나가 보면 "아 한국이 좋았구나" 하고 깨달을 수도 있다. 다만 한국이 아닌 외국에서 살면 느끼는 색다른 점도 분명 있다. 아랍에미리트 두바이란 곳은 우리에게 익숙한 도시가 아니기에 더욱 그런 게 있는 것 같다. 두바이에 살면서 이곳이 좋다고 느낀 이유 아홉 가지를 정리해봤다.

1 글로벌 마인드를 키울 수 있다

두바이는 정말 다양한 인종과 사람들이 모여 살고 있

다. 개인적인 느낌으로는 미국 뉴욕보다 그 비율이 더 높은 것 같다. 이곳의 현지인 비중은 전체 인구의 10% 정도에 불과하다. 대부분은 나와 같은 외국인 노동자들이다. 그렇기에 정말 다양한 문화가 섞여 있다. 사우디아라비아나 요르단 같은 가까운 중동 나라에서 시작해 인도, 파키스탄, 그리고 저 멀리 브라질이나 유럽인들까지. 흔히 말하는 '인종의 용광로(멜팅팟, Melting Pot)'의 절정이 이곳이 아닐까 하는 생각이 든다.

나만 해도 같이 한솥밥 먹는 동기들이 영국, 스웨덴, 말레이시아, 미국, 중국, 모로코, 요르단 등 엄청 다양하다. 어느 지역을 가도 한국인이 대부분인 우리나라와는 달리 다양한 사람들이 옹기종기 모여 살고 있기 때문에 글로벌 마인드를 쉽게 취득하고 여러 문화를 경험할 수 있다.

2 해외여행 가기에 최적의 위치다

두바이 장점 중 하나가 정말 축복받은 지정학적 위치로 인해 여행 가기 편하다는 것이다. 세계지도를 보면 아랍에미리트가 중동의 한가운데에 있다는 것을 알 수 있다. 왼쪽으로는 유럽과 아프리카 그리고 오른쪽으로는 아시아 대륙이 펼쳐진다.

따라서 대서양을 건너야 하는 아메리카 대륙을 제외하고 유럽, 아프리카, 아시아의 웬만한 나라들까지 짧게는 1~2시간, 길게는 10시간 이내에 다 갈 수 있다. 한국에서 일본이나 중국 가는 비행기 값으로 웬만한 유럽이나 아프리카를 맘껏 다닐 수 있다.

3 매우 안전하다

많은 사람들이 중동 정세가 불안하니 두바이 치안도 나쁘지 않냐고 하는데, 사실 두바이의 치안은 세계적으로도 안전하다고 정평이 난 편이다. 각종 통계를 봐도 항상 세계 1~5위 안에 들어간다. 사실 '치안' 하면 한국도 세계적으로 알아주는 안전 국가 중 하나인데, 대충 우리나라에서 살던 그대로 이곳에서도 살 수 있다고 보면 된다.

한국처럼 대중교통에 두고 내린 돈 가방을 무사히 찾기는 어려울지 몰라도 국제기준에서는 충분히 안전하다. 거기에 이슬람국가라 기본적으로 슈퍼마켓에서 술을 팔지 않기 때문에 우리나라처럼 저녁에 술 먹고 행패 부리는 주취형 범죄도 거의 없다.

4 세계 음식을 쉽게 구할 수 있다

두바이 마트에 가면 정말 없는 음식이 없다. 중동 음식뿐 아니라 프랑스, 이탈리아, 영국 등 유럽 음식들도 다양하게 팔고 있으며, 심지어 일본이나 중국 음식 그리고 우리나라 라면이나 김치까지 모두 마트에서 취급하고 판매한다. 보통 파키스탄이나 모로코 그리고 이집트나 요르단 같은 곳에서 수입한 과일들이 많이 있고, 유럽이나 호주 그리고 미국에서 수입해 온 곡류나 과일도 꽤 많이 있다.

포도나 딸기 그리고 수박 같은 건 우리나라산 과일이 최고지만, 찾아보면 이곳도 꽤 맛있는 과일이 많아서 하나씩 도전하는 재미가 쏠쏠하다. 나는 주로 이곳에서 이집트산 석류를 즐겨 먹는데, 대충 우리나라와 비교해서 3분의 1 정도는 저렴한 것 같다.

5   더 많은 기회를 제공한다

현재 두바이는 엄청나게 많은 건물을 올리고 있어서 이곳저곳에서 공사 소리가 끊이질 않는다. 그만큼 도시가 활기차다. 한국인들도 많은 부문에 진출해 있다. 지금 이 순간에도 에미레이트, 에티하드 같은 항공 쪽이나 각종 건설 현장 그리고 원전 같은 에너지 부문에서 많은 한국인들이 땀방울을 흘리고 있다.

이는 지난 20년 동안 두바이 경제가 정말 급속하게 성장했기 때문이다. 덕분에 이곳에는 많은 기회들이 도처에 가득하다. 만약 적절한 교육을 받고 일하고자 하는 의지만 있다면 두바이에서 직업을 구하는 건 그렇게 어려운 일은 아니다. 물론 영어가 된다는 전제로.

6   절대 춥지 않다

이게 말이 좀 웃기긴 한데, 정말 그렇다. 추운 것 싫어하는 사람에겐 희소식이다. 두바이가 중동에 있다 보니 1년 내내 덥지 않냐고 묻는 사람들이 가끔 있는데, 아니다. 물론 더울 때는 미친 듯이 덥지만 체감상 9월부터 2월까지 1년에 5개월 정도는 날씨가 괜찮은 편이다. 대략 20도 언저리의 한국 봄·가을 날씨를 생각하면 이해가 쉬울 것이다. '엄청 더운 날씨 vs 엄청 추운 날씨' 중에 하나만 선택해야 한다면 차라리 더운 걸 택하는, 추운 걸 정말 싫어하는 사람에게는 두바이의 환경이 차라리 나은 편이다.

사실 거의 모든 생활이 실내에서 이뤄지는 편이기 때문에 엄청 더워도 체감할 일이 거의 없다. 그래서 여름의 극악함을 느낄 수 있는 건 어디론가 이동하기 위해 밖에 주차돼 있는 차로 뛰어갈 때의 시간 10초 정도라 보면 된다. 하루 종일 에어컨을 틀어놓고 있어 안에서는 오히려 추울 때도 많다.

7 기름값이 정말 싸다

중동 국가에서 건너온 사람이 아니라면, 우선 이곳의 기름값에 놀라게 될 것이다. 현재 리터당 우리나라 돈으로 1000~1200원 정도 한다. 근데 이것도 예전보다 많이 인상된 가격이다. 그러다 보니 거리를 보면 정말 누가 봐도 '이건 기름 잡아먹는 괴물이다' 싶은 몬스터 차들이 잘만 돌아다닌다. 연비 따위는 전혀 신경 안 쓰는, 리터당 $1km$

씩 가는 차들 말이다.

8 영어를 사용한다

아랍에미리트 공식 언어는 아랍어다. 하지만 앞서 말했듯 아랍어를 정말 하나도 몰라도 사는 데 전혀 지장 없다. 물론 아랍어를 배우면 좋지만 그냥 영어 하나만 잘해도 정말 삶을 윤택하게 살 수 있다. 영어 국가가 아닌 프랑스 파리나 이탈리아 로마 같은 곳도 물론 좋은 도시지만, 제2외국어가 익숙하지 않은 사람에게는 아무래도 영어가 공용어인 곳이 더 살기 좋다.

그래서 '영어 실력도 키울 수 있고 글로벌 감각도 키울 수 있으니 이 어찌 좋지 아니한가'라며 만족하고 있다. 그리고 다른 국적의 사람들이 많다 보니 외국어를 배우기에도 좋은 환경이다. 뜻만 있으면 언어 교환 친구를 만드는 것도 그렇게 어렵지는 않다.

9 한국인에게 친절하다

'×× 나라에서 왔습니다'라고 하면 다양한 오해와 선

입견에 사로잡히기 마련이다. 때로는 인종차별적 선입견을 갖기도 하는데, 참 이게 개인의 힘으로는 어쩔 수 없는, 나라의 국력이나 위치에 따라 처음부터 평가절하되는 것이라 참으로 유감스러운 대목이다.

다행히 한국인이라는 이유로 이 나라에서 손해 볼 일은 없다. 우리나라가 투자를 많이 해서 그런지 이해도도 높고 한국인들도 좋아하는 편이다. K팝이나 한국 화장품들도 현지에서 인기가 많다. 때로는 레스토랑에 가면 점원들이 먼저 알아보고 "안녕하세요"라고 말하기도 한다.

"빨리 빨리!" 알고 보면
한국인과 비슷한 성격의 아랍인들

성격 급한 한국인이 많이 쓰는 말은 무엇일까. 아마 "빨리 빨리"일 것이다. 재밌는 것은 아랍에미리트를 비롯한 중동 국가에서도 이 말을 자주 들을 수 있다는 점이다. 아랍어로 '빨리 빨리'는 본래 "쑤르아 쑤르아(sur'a sur'a)"라고 한다. 다만 일상에서는 "얄라 얄라(Yalla Yalla)"라는 표현이 '어서 가자', '빨리 하자'라는 뜻으로 관용적으로 자주 쓰인다.

두바이의 한 극장 앞에서 줄을 서고 있을 때 처음 "얄라 얄라"를 들었다. 〈청산별곡〉의 "얄리얄리얄랴셩 얄라리 얄라"가 생각나면서 무슨 뜻인지 궁금해했는데, 알고 보니 빨리 좀 가라고 재촉하는 거라 혼자 민망해하기도 했다.

줄을 길게 늘어섰는데 앞사람이 꾸물거릴 때도 "얄라

얄라", 비행기에서 내릴 때도 "얄라 얄라", 밥 먹으러 갈 때도 "얄라 얄라"라고 한다. 뿐만 아니라 비행기를 조종할 때도 비슷한 일이 벌어진다. 승객들이 비행기에 올라타서 이륙 준비를 할 때도 "얄라 얄라", 일이 끝나고 비행기에서 내려 집에 갈 준비를 할 때도 옆에서 "얄라 얄라" 거린다.

아랍인 중에서도 아랍에미리트 현지인을 보자면, 한국인과 대체로 유사한 성격과 기질을 가지고 있다. 아랍에미리트 현지인들을 에미라티(Emirati)라고 부르는데, 이들은 대부분 친화력이 좋고 인정이 많지만 자존심이 강하고, 개인적 이해관계가 개입되면 쉽게 양보하지 않는 편이다.

또한, 혈연·가족 관계 및 체면·명예를 중시하며 외형이 내면을 규정한다고 여겨 자신의 재산 및 부계 혈통을 과시하려고 노력한다. 혼인 시 개인의 성격·능력보다는 가계와 혈통이 중요한 고려 요소이다. 때문에 혼인은 가문과 가문의 만남이라는 인식이 강하다.

가족을 중시하는 민족

아랍에미리트는 가부장적 사회다. 주로 가족의 의사

결정권은 아버지가 갖고 있으며, 가족은 아버지의 지도 아래 하나로 뭉치는 문화를 갖고 있다. 아랍에미리트 사회에서는 친인척 간 우애와 협력을 중요시하며, 부모는 자식에 대해 무한한 책임을 지고 자식은 부모에게 순종하는 것을 미덕으로 여긴다.

가문 또는 가족을 향한 의리가 우정에 우선하며, 동일 가문 내에서도 친형제와의 우애를 친척 간 유대감보다 중요하게 생각한다. 우리나라도 가족과 혈연을 중요하게 생각하지만 최근에는 약해지는 경향을 보이고 있다. 반면 아랍에미리트는 이를 여전히 중요하게 생각하고 있는 것 같다.

이러한 가족 중시 성향으로 인한 단점도 있다. 현지인들은 사회적 책임과 공중도덕 관념이 상대적으로 부족하다는 평을 받는다. 공중 질서 등에서는 많이 좋아지고 있는 추세이지만 가족 내 질서는 외국 사람들이 보기에는 이들의 태도가 여전히 고압적으로 보일 수도 있다.

사실 외국인은 에미라티를 만날 기회가 별로 없다. 현지인 비율이 10%밖에 안 되고 나머지가 외국인들이기에 이곳에 사는 사람들이 평상시 만나는 사람들은 대부분 같은 외국인 노동자들이다. 관공서나 컨퍼런스를 가지 않는 이상 현지인을 마주칠 일이 별로 없다.

인구구성 변화

1960년대 10만 명에 불과하던 아랍에미리트의 인구는 외국인 노동력 유입에 따라 2023년 940만 명으로 급증했다. 현재 200여 개 국가의 다국적인으로 구성되어 있으며, 이 중 토착 에미리트인은 약 100만 명 수준으로 파악된다.

인도, 이란, 파키스탄, 필리핀 등 아시아계 노동자가 50%를 차지하고, 이집트, 시리아, 아프리카 등 비에미리트계 아랍인이 23%, 유럽계 서양인이 8%를 차지한다. 연령별로는 15~64세가 전체 인구의 70%를 차지하고 있으며, 남녀 성비는 2:1로 이는 대부분의 노동력이 남성인 데 기인한다.

아랍에미리트 사회는 국적이나 직업에 따라 사회적 지위가 계층화되어 있다. 베두인 족으로 불리는 토착 에미라티는 출생 시부터 왕족과 일반 시민으로 분류되며, 왕족 등 상류층 가문이 아랍에미리트의 권력과 경제권을 장악하고 있다.

아랍에미리트 태생이 아닌 아랍인은 일자리를 찾아 이집트, 요르단, 바레논 등 주변국에서 온 사람들로, 점차 전문직에 종사하는 사람이 늘고 있으나 서양인에 비해 급여가 적고 인정을 덜 받고 있다. 그 밖에 동남아시아계 이주노동자는 주로 단순 노무에 종사하고 있으며, 영어 구사 능력이 있으면 택시 운전기사나 상점 점원으로 취업한다.

반면 영미권 출신의 서양인은 석유 관련 직종, 영어 교육, 의료업 등에 종사하며 풍요로운 생활을 영위한다. 이들은 두바이 중심가에 주로 거주하며, 커뮤니티 안에 살면서 자신과 비슷한 사람들과의 공동체에 머무는 것을 선호하는 편이다.

한국인도 비슷하다. 상대적으로 높은 급여를 받고 항공, 물류, 자동차, 의료, 뷰티 사업 등에 종사하고 있다. 주로 마리나, 두바이힐스, 다운타운 등 두바이 중심지에서 가까운 곳에 거주하고 있다.

에미라티제이션

최근 아랍에미리트 정부는 외국인 인력 규모를 경

제 발전에 필요한 최소한의 범위로 유지하고 민간 부문에서의 내국인 고용 확대 정책을 추진하고 있다. 2016년 2월 인적자원자국민화부(Ministry of Human Resources and Emiratisation)를 신설하는 등 국가가 자국민 청년의 취업 방안을 적극적으로 모색하는 중이다.

2021년 9월 새로운 50년을 준비하는 프로젝트의 일환으로 '에미라티 재능경쟁력위원회(Emirati Talent Competitiveness Council)'를 두고 자국민 청년 취업 교육, 민간기업 취업 장려 등을 위한 프로그램 운영계획을 발표했다. 지난 2023년부터는 50인 이상 규모의 민간기업 고용 인력의 2%를 토착 자국민으로 채용해야 하는 의무고용 제도를 시행했으며, 매년 2%씩 늘려서 의무고용 비중을 10%로 확대할 목표를 가지고 있다. 아랍에미리트에 진출하려는 한국 기업이라면 꼭 알아야 할 정책이다.

파일럿 스쿨에서 경험한
라마단

이슬람국가는 다른 나라와 비교해서 특이한 문화가 몇 개 있는데, 대표적인 것 중 하나가 라마단(Ramadan)이다. 아랍어로 '더운 달'을 의미하는 라마단은 이슬람국가라면 당연히 지켜야 하는 기본 행사다.

라마단을 이해하려면 이슬람 신앙의 다섯 기둥을 알아야 한다. 이는 수니파와 시아파* 가릴 것 없이 모든 교파에서 인정되는 기본 조건이다.

첫째는 '샤하다(Shahadah)'로 '알라 이외에는 어떠한 신

---

* 이슬람교는 예언자 무함마드의 후계자를 둘러싼 분쟁으로 수니파와 시아파로 분열됐다. 수니파는 공동체의 합의에 따라 후계자를 정해야 한다고 주장한 반면, 시아파는 무함마드의 혈통을 이은 알리를 정당한 후계자로 봤다. 이 갈등은 정치적·종교적 대립으로 이어져 중동 지역에서 현재까지도 지속적인 분쟁과 충돌의 원인이 되고 있다.

도 존재하지 않고 무함마드는 하나님의 전령이다'를 믿는 것이다. 둘째는 '살라(Salah)'로 매일 드려야 하는 다섯 번의 규칙적인 기본 예배다. 셋째는 '자카(Zakah)'다. 가난한 사람에게 자신의 것을 베푸는 것을 의미한다. 넷째가 일 년 중 한 달 동안 단식을 해야 하는 '라마단(Ramadan)'이며, 마지막으로 육체적, 재정적 측면에서 다른 일반 생활 활동에 별 지장이 없는 사람은 일생에 한 번 메카로 순례 여행을 가야 하는 '하즈(Hajj)'가 있다.

열심히 소개하긴 했는데, 안 지키면 무슬림에서 "너 바로 제명!" 이러는 건 아니고 샤하다를 제외하고는 설렁설렁 믿는 무슬림도 은근 많다. 어쨌든 무슬림들에게는 라마단이 특별한 의미를 갖는데, 천사 가브리엘(Gabriel)이 무함마드에게 꾸란을 가르친 신성한 달로 여겨 이슬람교도는 이 기간 일출에서 일몰까지 의무적으로 금식하고, 날마다 다섯 번의 기도를 드려야 한다.

여행자·병자·임신부 등은 면제되지만 대신 이후에 별도로 수일간 금식해야 한다. 이러한 습관은 유대교의 금식일(1월 10일) 규정을 본떠 제정한 것인데, 624년 바두르의 전승을 기념하기 위해 이슬람력 9월로 바꿔 정했다고 한다.

한 달 동안 해가 떠 있을 때는 음식뿐만 아니라 담배, 물 심지어 성관계까지 금지되는 무시무시한 금욕 시즌이라 할 수 있겠다. 하지만 라마단 기간에 다이어트 식단으로 살을 쉽게 뺄 수 있다는 SNS 광고가 판치는 등 라마단을 상업적으로 바라보는 사람 또한 적지 않다. 종교 행사가 돈벌이로 이용되는 걸 보면 참 기분이 묘하다.

이 기간에는 현지 무슬림뿐 아니라 외국인도 행동거지를 조심해야 한다. 이해는 되는 게 무슬림들은 금식하면서 쫄쫄 굶고 있는데 옆에서 치킨을 뜯고 있다면⋯ 이는 기본 매너의 문제다. 고등학생 때 사회 교과에서 라마단을 배웠던 기억이 어렴풋이 나는데, 이렇게 현지에 거주하면서 피부에 와닿으니 내가 외국살이 중이라는 게 실감이 난다. 라마단이 시작하니 내가 다니고 있는 UAE 파일럿 스쿨에도 다음과 같은 변화가 있었다.

수업 시간에 물 섭취 금지

평소에는 자판기에서 생수를 사든, 수업 시간에 물을 마시든 관심도 없었는데 갑자기 라마단이라고 못 마시게 하니 불편하다. 은근 신경 쓰여서 없던 갈증이 다 생기는 것 같다. 숨어서 마시는 건 가능하다. 담배 피우는 것도 금지라서 몇몇 애들은 차에서 몰래 피우고 난리가 났다. 그러지 말고 그냥 라마단을 계기로 금연하는 건 어떨까 싶다.

단축 수업 개시

라마단 기간에 모든 관공서와 기업들은 단축 영업을 하기에, 학교도 이에 발맞춰서 한 달 동안 단축수업을 시행하겠다는 공지가 이메일로 날라왔다. 오전 8시부터 오후 4시까지 영어 수업을 듣고 나면 정신이 한동안 나갔었는데, 2시간 당겨져서 한 달 동안 오후 2시에 끝났다. 이게 얼마나 소중한지 잘 이해가 되지 않는다면, 예비군 훈련 받을 때 2시간 일찍 끝내준 기분을 상상하면 될 것이다.

점심시간 단축

수업이 2시간 빨리 끝나는 대신 점심시간도 1시간에서 30분으로 줄었다. 그리고 이게 가장 피부에 와닿는 라마단의 변화인데, 점심시간에 즐겨 찾는 식당의 문이 잠겨 있었다. 결국 숨어서 샌드위치를 먹거나, 아니면 막간을 이용해서 집을 다녀오거나, 그것도 아니면 미리 도시락을 싸 와서 먹거나. 한 달 동안 아무튼 알아서 해야 한다. 안 쓰는 교실에 암막커튼을 둘러 밖에서 안이 안 보이게 해놨는데 비무슬림은 그곳에서 점심을 먹어야 한다.

라마단이라고 해서 내내 금식하는 건 아니다. 사람이 한 달 동안 굶으면 죽는다. 해가 진 뒤에는 '이프타르(Iftar)'라는 성대한 저녁 식사를 할 수 있으며, 이때를 발맞춰 이런 서비스를 전문적으로 하는 레스토랑도 많다. 몇몇 유명 관광지의 레스토랑은 낮 시간에 밖에서 내부가 보이지 않도록 가림막을 설치한 후 정상 영업을 한다. 상점이나 로컬 레스토랑, 몇몇 관광지는 라마단 기간에 운영시간이 변경되는 경우가 많으니 관광객이라면 한번 체크하는 것을 추천한다.

라마단 중에는 복장도 주의해야 한다. 라마단 때 두바이몰에서 핫팬츠 입고 쇼핑하던 한국 여성이 현지 경찰에게 경고장을 받고 벌금을 냈다는 '카더라' 소식이 전해져 온다. 여성에게는 라마단 기간에 어깨와 무릎을 가릴 수 있는 긴 옷을 입는 것을 권장한다.

이처럼 문화라는 건 참 특이한 것 같다. 똑같은 사람인데 다른 생각과 다른 교리 그리고 다른 생활방식을 아주 '당연하게' 하는 것이 신기하다.

한국인이 알면 좋은
'라마단 에티켓'

　　　　　　중동에 거주하는 외국인들에게 라마단과의 동행은 큰 숙제다. 다른 종교에서는 금식이 짧거나 특정한 날에만 이루어지는 경우가 많아, 한 달 동안 지속되는 라마단 단식은 생소하게 느껴질 수 있다. 또한, 단식뿐만 아니라 기도, 예절, 생활 패턴 등이 달라지기 때문에 이를 이해하고 적응하는 것이 쉽지 않다.

　하지만 최소한 이곳에 적을 두고 사는 사람들이나 중동에서 비즈니스 기회를 찾는 사람들에게 있어 이슬람 문화에 대한 이해는 선택이 아닌 필수다. 신성한 라마단을 맞이하는 무슬림 이웃과 동료들을 존중하는 자세를 갖추는 것이 중요하다.

　최근 아랍에미리트의 각종 매체에 소개된 라마단 관

런 예절과 전문가 조언을 통해 우리가 실천할 수 있는 배려와 존중의 방법을 알아보자.

이프타르 초대에 대한 예의

이프타르는 해가 진 후 단식을 마치는 식사로, 가족과 친구들이 함께 모여 나누는 중요한 시간이다. 이프타르는 오랜 단식 후 처음으로 음식을 먹는 시간이기 때문에, 평소보다 더욱 풍성하게 차려지는 경우가 많다.

무슬림 가정에 초대받았다면, 예의를 갖추는 것이 필수적이다. 일반적으로 초대받은 손님에게 선물을 기대하지 않지만, 작은 성의를 표하는 것은 좋은 인상을 남길 수 있다. 선물은 필수가 아니지만, 대추야자나 간단한 음식 정도를 가져가면 감사해할 것이다.

또한, 초대받은 집에서는 단순히 식사만 하는 것이 아니라 기도 시간이 포함될 수도 있다. 이에 대해 이슬람 전문가들은 "무슬림 가정을 방문할 때는 소란을 피우지 않고 기도 시간을 존중하는 것이 중요하다"며 "호스트의 행동을 관찰하며 따르는 것이 가장 좋은 방법"이라고 조언한다.

금식 중인 무슬림을 배려하는 법

라마단에 대한 궁금증이 있다면 무슬림 친구나 동료에게 직접 질문하는 것이 가장 좋은 방법이다. 하지만 질문을 던지는 타이밍이 중요하다.

UAE매체 더내셔널(The National)에 따르면 "무슬림들은 보통 라마단에 대해 설명하는 것을 좋아하지만, 단식 초반에는 피곤할 수 있으므로 며칠이 지나고 나서 묻는 것이 좋다"고 강조했다. 단식 중인 동료가 오전에 피곤해 보인다면, 식사를 마친 후 여유가 있을 때 대화를 나누는 것이 배려하는 태도다.

UAE 정부에 따르면, 비무슬림들이 라마단 기간에 단식을 할 필요는 없지만, 공공장소에서 음식과 음료를 섭취하는 것은 금지된다. 사무실에서는 단식 중인 동료를 배려하여 적절한 장소에서 식사를 하고, 가능하다면 업무 회의 일정도 조정하는 것이 좋다.

더내셔널은 "사무실에서 무슬림 동료 앞에서 음식을 먹는 것이 불쾌하지는 않지만, 그래도 양해를 구하는 것이 예의"라고 말했다. 또한, "관리자라면 회의 일정이 너무 이른 시간에 잡히지 않도록 조정하고, 낮 동안 에너지가 떨어질 수 있는 점을 고려하는 것이 좋다"고 덧붙였다.

시간 관리와 방문 예절

라마단 동안에는 가족과 함께하는 시간이 특히 중요하다. 이프타르 준비를 돕거나 기도 시간을 지키기 위해 일찍 귀가하려는 무슬림들이 많기 때문에, 방문이나 연락 시 이를 고려해야 한다.

필자의 한 무슬림 친구에게 이와 관련해 물어보니 "이프타르 준비로 바쁜데, 이프타르 30분 전에 이웃이 초인종을 눌러 아이를 놀게 해도 되냐고 물었던 적이 있다"며, "라마단 기간에는 가정마다 바쁜 일정이 있기 때문에 미리 연락하고 방문해야 한다"고 말했다.

이프타르 초대에 참석하는 경우에도, 너무 일찍 도착하면 주인이 준비 중일 수 있으므로 적절한 타이밍을 맞추는 것이 중요하다. 그는 "일반적인 모임에서는 약간 늦게 도착하는 것이 허용되지만, 이프타르 시간은 정확히 정해져 있기 때문에 늦으면 안 된다"고 조언했다.

비무슬림도 라마단에 참여할 수 있을까

라마단을 더욱 의미 있게 존중하고 싶다면 직접 참여해보는 것도 좋은 방법이다. 당연히 비무슬림들도 단식에 동참할 수 있으며, 무슬림 친구들과 함께 공공 이프타르 행사에 참석하는 것도 좋은 경험이 될 수 있다. 최근에는 다이어트 목적으로 이를 가볍게 간헐적 단식의 기회로 삼는 사람들의 참여도 늘어나는 추세다.

라마단의 정신을 함께 나누는 것은 이슬람 사회에서 매우 존중받는 행동이다. 특히 자선 활동에 참여하거나, 좋은 습관을 기르기 위한 개인적인 목표를 설정하는 것도 좋은 방법 중 하나다. 무슬림에게 있어 라마단은 단순한 금식의 기간이 아니라, 내면을 돌아보고 공동체 정신을 강화하는 시기다.

이러한 작은 배려와 존중이야말로 한국인이 무슬림 이웃들과 더욱 좋은 관계를 형성하는 데 중요한 역할을 할 것이다. 앞으로 라마단을 맞이할 때 단순한 금식 기간이 아닌, 서로의 문화와 가치를 함께 나누는 기회로 삼아보자.

단맛에 혈관도 비명 지르는
아랍 디저트 4선

2024년 한국에서 가장 인기 있었던 디저트 중 하나는 '두바이 초콜릿'이다. 내 입장에서는 참 신기한 일이다. 처음 두바이 초콜릿 입소문이 퍼진 건 2023년 12월경인데, 어느 유명 틱톡커가 어른 손바닥보다 큰 두툼한 바(Bar) 형태의 초콜릿을 두 동강 내 꽉 찬 속재료가 흘러내리는 것을 보여주는 먹방 영상이 유행의 시작이었다.

이후 해외 유명 인플루언서들이 앞다퉈 이 초콜릿을 구매 인증하는 영상을 올리면서 유행에 민감한 10대, 20대들 사이에서 인기를 끌고 전 세계로 퍼져나갔다. 가장 유명한 맛은 피스타치오 맛으로, 핵심 속재료는 우리에게는 이름도 생소한 '카다이프'라고 하는 튀르키예의 전통

밀가루 면이다. 소면보다 가느다란 이 면을 튀겨서 생기는 바삭바삭한 식감이 특징이다.

이 초콜릿이 '두바이 초콜릿'이라고 불리는 이유는 두바이 소재 초콜릿 스타트업인 '픽스 디저트 쇼콜라티에(Fix Dessert Chocolatier)'란 회사에서 처음 개발했기 때문이다. 현재까지는 3~4일밖에 안 되는 유통기한의 문제도 있어서 오직 아랍에미리트 두바이에서만 온라인 주문을 받아 배달하는 형식으로 판매한다. 그러다 보니 전 세계 어느 곳이라도 물량을 구하기가 매우 어렵다.

인기가 많다 보니 두바이에서 이를 직접 공수해서 높은 프리미엄을 붙여 판매하는 경우도 생겨났다. 바삭거리는 식감의 초콜릿은 이미 시중에 넘쳐나기에 혹시 '소문만 시끄럽고 맛은 그저 그런 게 아닐까' 하는 궁금증이 생겨 직접 주문해서 몇 번 먹어보았는데 확실히 식감에 있어서는 차별화되는 지점이 있었다. 유행이 아주 엉터리만은 아닌 것 같다.

'달디단' 디저트의 천국, 아랍

우리에게 잘 알려지지 않아서 그렇지, 중동 지역은 예

전부터 맛있는 디저트로 유명했다. 무더운 사막 기후에서 오랜 세월 유목 생활을 해온 아랍인들은 높은 칼로리를 쉽게 얻을 수 있고 음식의 부패도 막을 수 있는 설탕을 음식에 쏟아부어 달디단 디저트를 다수 개발해 섭취해 왔다.

이 지역 대부분이 이슬람 국가인지라 돼지고기나 할랄로 도축되지 않은 육류 그리고 음주 같은 유희 역시 엄격히 금지하고 있기 때문에 다른 먹는 낙을 찾아 맛있는 디저트를 만드는 데 '올인'했기 때문이라고 문화적으로 연관 지어 설명하는 경우도 있다.

아랍 지역이 기본적으로 더운 지역이라 과일 자체의 당도도 높은데 여기에 설탕도 많이 쓰다 보니 한입 먹어 보면 머리가 띵해지고 혈관이 비명을 지를 정도로 단맛이 강한 것들이 많은 편이다. 초콜릿만 즐기기에는 너무나 아쉬운 중동 대표 디저트들을 살펴보며 언젠가 유행할 아이템을 한번 미리 점쳐보기로 하자.

바클라바(Baklava)

바클라바는 종잇장처럼 아주 얇은 밀가루 반죽에 버터를 발라 겹겹이 쌓아 올린 페이스트리 안에 잘게 다진

견과류와 설탕을 듬뿍 넣어 만든다. 튀르키예의 국민 간식으로 유명하고, 튀르키예뿐만 아니라 세르비아, 그리스, 이란, 아제르바이잔, 아르메니아, 시리아 등에서도 즐겨 먹는다.

    기본적으로 크림과 버터, 피스타치오나 호두의 양에 따라 값이 달라지는데, 프리미엄 바클라바 집에서는 싸구려와 달리 고급스러운 단맛과 피스타치오의 향, 버터가 조화를 이루는 맛을 느낄 수 있다. 물론 그렇게 해도 우리 입맛에는 달게 느껴질 수 있다. 견과류가 들어간 바삭바삭한 도넛 맛이랄까.

    바클라바는 부와 권력의 척도이기도 했다. 지금이야 중동 지역 이곳저곳의 베이커리에서 쉽게 접할 수 있는 간식이지만, 과거에는 얇은 레이어를 여러 겹 쌓아서 만들어야 하는, 한마디로 매우 손이 많이 가고 가성비 떨어지는 음식이었기 때문이다. 때문에 부유층들은 바클라바 전문 주방장을 개인적으로 고용할 정도였다. 지금도 제대로 만든 바클라바는 매우 비싸다.

크나페(Knafeh)

아랍어로는 쿠나파라고도 한다. 역시 중동 지역에서 국민 디저트로 불리는 음식으로 치즈, 페이스트리, 견과류 등을 층층이 쌓아 올린 뒤 설탕이나 시럽을 뿌려 만든다. 우리에겐 생소하지만 아랍 세계에서는 아주 잘 알려진 간식이다. 한마디로 아랍식 치즈케이크라 하면 이해가 쉬울 것이다.

우마이야 왕조, 아바스 왕조, 파티마 왕조시대에도 먹었다는 기록이 있을 정도로 역사와 전통을 자랑하는 음식이다. 실제로 먹어보면 너무 달아서 입이 얼얼할 정도다. 겉은 바삭한데 안이 생각보다 촉촉해서 자꾸 들어가는 맛이다.

크나페에는 여러 페이스트리가 곁들여지는데 특히 튀르키예의 전통 국수 중 하나이자 '두바이 초콜릿'의 재료이기도 한 카다이프가 들어간 크나페가 유명하다.

로쿰(Lokum)

로쿰은 벌꿀이나 설탕, 옥수수 전분과 레몬즙을 기본

재료로 하여 초콜릿이나 말린 과일, 견과류 등을 넣어 만든다. 쫀득하면서도 부드러운 것이 특징인 일종의 젤리 사탕인데, 식감은 흔히 말하는 '옛날 젤리'처럼 쫀득한 탄성이 적은 편이다. 젤리보다는 약간 떡이나 카라멜 느낌이 나기도 한다.

젤리에 하얀색 설탕 옷을 입힌 것이 특징적이다. 영화 〈나니아 연대기〉를 보면 초반에 마녀가 주인공의 환심을 사기 위해 건넨 것이 바로 이 로쿰인데, 이 때문에 영화를 본 사람들이 로쿰을 궁금해해 한때 큰 관심을 끌었던 적이 있다고 한다.

생김새가 왠지 신비스럽기도 하고 앙증맞은 네모라, 한번 꼭 집어서 입에 넣어보고 싶은 충동이 들고는 한다. 로쿰의 어원은 아랍어로 '한 입'을 뜻하는 '루끄마(Luqma)'에서 비롯되었다고 한다. 튀르키예와 그리스의 전통 간식이며, '터키시 딜라이트(Turkish Delight)'라고도 불린다.

루카이맛(Luqaimat)

한국식 찹쌀도넛과 비슷하다고 할 수 있는 디저트다. 루카이맛은 아랍어로 '한입 크기'라는 의미다. 밀가루와

효모로 반죽을 해서 공 모양으로 만든 다음 겉은 바삭하고 속은 부드럽고 쫄깃할 때까지 튀기면 된다. 특유의 맛을 내기 위해 향신료인 카르다몸과 사프란을 더한다.

금방 만든 루카이맛은 정말 촉촉하고 맛있다. 김이 모락모락 나는 것이 입에서 대추야자 시럽의 향긋함과 깨의 고소함이 섞여 입안에서 막 굴러다닌다. 맛도 예전에 한국에서 먹었던 찹쌀도넛 비슷한 느낌이 있어서 별 거부감 없이 먹을 수 있다. 크기도 앙증맞아서 먹다 보면 어느새 한 그릇을 전부 금방 먹게 된다.

아랍 디저트의 정수를 즐겨보자

다른 문화를 이해하는 가장 좋은 방법 중 하나가 그 나라의 음식을 먹어보는 것이다. 앞으로는 식후 커피나 차와 함께 사람들과 담소를 나누며 아랍 디저트들을 살짝 곁들어 먹어보는 것은 어떨까. 인생이 좀 더 풍요로워질 것이다.

여기에 조금 욕심을 내보자면, 외국에 위치한 한식 레스토랑에 가면 뭔가 맛이 비슷하긴 한데 우리나라에서 먹는 그 맛이랑 완벽하게 똑같지는 않듯이 아랍 디저트들도 마찬가지다. 수제 두바이 초콜릿 레시피가 우리나라에 공유되고 한국 베이커리나 편의점에서도 아랍 디저트를 판다고 하지만 결국 완전한 로컬 느낌은 아닌 것이다.

언젠가 한 번쯤은 아랍 현지에 와서 전문 매장이나 음식점을 방문해 제대로 된 디저트의 맛을 볼 것을 추천한다. 만든 지 오래되지 않고 좋은 재료를 쓴 신선한 디저트를 통해 아랍인들이 오랜 시간 누려온 깊고 진한 정수를 누려보길 바란다.

한국인이 두바이에서
흔히 하는 실수

　　　　　많은 중동 국가들 중에서 우리나라와 좋은 관계를 유지하고 있는 국가가 몇 있는데 아랍에미리트도 그중 하나다. UAE에서 가장 큰 도시인 두바이에는 많은 한국인들이 진출해서 사업을 하거나 생활을 영위하면서 외화를 벌어들이고 있다.

　하지만 우리나라와 엄연히 다른 이곳에서 한국인들은 자기도 모르게 실수를 저지르곤 한다. 로마에 가면 로마 법을 따르랬다고, 이곳에 살면 이곳의 생활문화를 존중하면서 이 사회의 구성원으로 사는 것이 옳을 것이다. 두바이 현지에서 한국인이 종종 실수하는 것에는 무엇이 있을까.

아무 데나 주차하기

우리나라와 달리 두바이는 노면 주차가 거의 불가능하다고 봐야 한다. 한국에서는 주차할 때 골목길이나 노면 주차를 하는 사람을 종종 볼 수 있으나, 두바이의 경우엔 내가 주차를 원하는 거의 모든 장소에 대부분 미터기가 설치돼 있다. 그러니 주차하고 싶다면 돈을 내고 유료 주차를 해야 한다.

매시간 주차단속원이 순찰하면서 이 차가 돈을 내고 정상적으로 주차하고 있는지 혹은 무단 주차를 하고 있는지 실시간으로 체크하며, 무단 주차로 판명될 경우 무거운 벌금을 내야 한다. 벌금도 세다. '잠깐인데 괜찮겠지' 했다가 재수 없게 걸려 십만 원 가까이 하는 벌금통지서를 받으면 정말 눈물이 쏙 빠진다.

운전할 때 휴대폰 사용하기

두바이에 살면서 지금까지 과속 관련 벌금을 내지 않은 사람은 내 주변에는 거의 없는 것 같다. 그만큼 과속카메라와 레이저 센서가 도로 이곳저곳에 있으며 24시간 가

동돼 엄격히 이를 단속한다. 주의를 해야 하는 것은 이 과속카메라가 단순히 스피드 측정만 하는 것이 아니라 모션 측정을 해서 운전자가 휴대폰을 사용하거나 통화하고 있는 것을 발견하면 무거운 벌금을 물린다는 것이다. 영문도 모른 채 어느 날 갑자기 20만 원 정도 하는 벌금통지서를 받으면 정신이 아득해질 것이다.

신고 정신이 투철한 애국시민이 내가 운전할 때 통화하는 모습을 발견하고 사진을 찍어 경찰에 신고하거나 또는 경찰차가 우연찮게 운전자가 통화하는 것을 발견하고 현장에서 바로 벌금을 부과하는 경우도 있다. 전부 복불복이다.

옷차림 신경 안 쓰고 관공서 출입하기

두바이에서는 반바지 및 짧은 치마를 입고 관공서를 출입해서는 안 된다. 특히 피고인 조사나 민원인 상대를 해야 하는 검찰청이나 경찰청에 방문할 경우에는 더욱 그렇다.

남자보다 여성에게 더욱 엄격하다. 아무리 약속이 잡혀 있더라도 반바지나 7부 이하 길이(보통 양말목 위로 올라

오는 길이 정도)의 치마를 입고 오는 여성은 해당 경찰이나 검사를 만날 수 없고 입구에서 제지되기 마련이다.

그렇게 제지돼 약속이 취소되면 짧게는 3일, 길면 열흘 정도 후에 약속이 다시 잡히게 된다. 관광객이나 이곳에 짧게 체류하는 사람이라면 모든 계획이 꼬이게 되니 유의하도록 하자.

메트로 여자 칸에 들어가기

우리나라에서는 몇 차례 무산된 '지하철 여성 전용 칸'이 두바이에서는 이미 시행되고 있다. 메트로(지하철)에 공용 영역, 여자 전용 영역, 골드석 전용 영역이 따로 있다. 여자는 여자 칸에만 타야 하는 것은 아니지만, 남자는 여자 칸에 탈 수 없다.

몇몇 한국인 관광객들이 지하철이 한산하면 여자 전용 칸에 들어갔다가 경찰이나 현지인의 주의를 받고 뻘쭘하게 다시 공용 칸으로 이동하는 경우를 가끔 볼 수 있는데, 이때 창피함은 본인 몫이다.

사실 개인적으로 이것이 진짜 여성을 위한 정책인지는 잘 모르겠다. 이슬람 국가에서 이를 엄격하게 시행하고 있는 것 자체가 그 기저에는 남성과 여성의 의무와 역할을 분리시키고 한마디로 여성을 '약자'로 보는 문화가 깔려 있기 때문이다. 이는 두바이 현지 남성들이 "같은 돈 냈는데 왜 남자 전용 칸은 없냐, 불공평하다"란 말을 하지 않는 이유와도 연결돼 있다. 물론 여성 전용 칸 그 자체만 놓고 보면 상대적으로 쾌적하고 잠재적 성범죄로부터 원천 해방되기 때문에 여성 입장, 특히 여성 관광객이라면 더 안심되기도 할 것이다.

두바이 vs 서울 물가,
어디가 더 비쌀까

먹고사는 문제는 참 중요하다. 어딜 가나 한정된 예산하에서 어떻게 살 것인가 하는 문제가 가장 크게 다가온다. 대한민국 서울과 아랍에미리트 두바이의 물가를 간단히 정리해 봤다.

거주비: 서울 승

믿기 힘들지만 두바이 현지 교민 입장에서는 서울의 싼 집값이 그립다. 서울 집값이 얼마나 비싼데 무슨 소리냐고? 사는 것 말고 전·월세로 사는 경우에 그렇다는 것이다.

외국에는 없는 한국만의 독특한 제도가 있다. 바로

'전세'인데, 외국에 나가보면 이게 얼마나 좋은 제도인지 실감하게 된다. 우리나라에서도 요즘 전세가 축소되는 추세이긴 하나 그래도 없는 것보단 훨씬 낫다.

두바이 집값은 세계적으로도 악명이 높아 외국인들 사이에서 원성이 자자하다. 두바이에서 보통 방 2개가 딸린 집을 임대하려면 보통 매달 1만~1만 5,000디르함*(약 400~600만 원) 넘게 지불해야 한다. 단칸방도 4,000~5,000디르함(약 150~200만 원) 정도는 한다. 물론 교외로 나가거나 지은 지 오래된 집을 구하면 가격이 싸긴 하나, 그래도 비싼 편이다. 가난한 외국인 입장에서는 부담이 클 수밖에 없다.

기름값: 두바이 승

차를 좋아하는 사람이라면 중동에서 운전하는 하루하루가 즐거울 것이다. 두바이의 기름값은 싸다. 하긴 산

---

* 디르함(Dirham, AED)은 아랍에미리트의 공식 통화. 미국 달러(USD)에 고정환율(1 USD = 3.6725 AED)을 유지해 안정적 가치를 지닌다. 한국 원(KRW)과 비교하면 환율 변동에 따라 차이가 있지만, 약 1 디르함에 350~400원 수준이다.

유국에서 석유가 비싼 게 이상하다. 주유소에서 빈 탱크에서 풀 탱크까지 가솔린 기름을 넣을 때 보통 리터당 2.5 디르함(약 1,000원) 정도 한다. 사실 이것도 몇 년 전에 비해 정말 많이 올랐다. 2010년대만 해도 리터당 500원 정도 했다.

단 조심해야 할 것이 두바이의 도로는 널찍널찍하고 거의 모든 생활이 대중교통보다는 자차를 이용하기 때문에 기름을 자주 넣어야 한다는 점이다. 대중교통은 당연히 서울의 압승이다. 그런 것까지 고려하면 기름값의 저렴함이 조금은 빛이 바랜다.

의료비: 서울 부분 승

의료비 가성비 측면에서 한국을 따라갈 나라는 세계에 몇 없다. 우리나라의 잘 구비돼 있는 의료보험 때문이다. 외국에 나가 있는 교민이나 유학생은 알 것이다. 우리나라 의료보험이 얼마나 좋은 제도인지. 회사에 고용돼 있는 근로자가 아닌 이상 보통 몸이 아프면 본인 돈을 주고 현지 병원에 가야 하는데 이게 엄청 비싸다.

그럼에도 불구하고 서울의 '부분' 승이라고 한 이유

는 이곳의 10% 남짓한 순수 UAE 현지 로컬인들은 진정한 '무상의료' 혜택을 받기 때문이다. 무상의료뿐이랴. 본인이 원하면 외국 유학까지 공짜로 시켜주는 진정한 '무상교육'에 심지어 결혼하면 결혼을 축하한다고 돈을 주고, 자녀를 출산하면 집을 주거나 땅을 준다. 태어날 때부터 금수저를 물고 태어났다고 해도 무방할 정도다. 어쨌든 우리 같은 외국인 입장에선 해당되지 않는 얘기다.

외식비: 서울 부분 승

물론 우리나라 '김밥천국'처럼 두바이에도 싸고 맛있는 스트리트푸드도 있으나 이런 건 제외하도록 하자. 서울이나 두바이나 밖에서 기분 내서 외식이라도 하려면 매우 비싸다.

한국인도 우리나라 외식비가 비싸다는 것에는 공감할 것이다. 강남이나 광화문 같은 곳에서 파스타라도 먹으려면 두 명에서 4만~5만 원이 훌쩍 나오니 말이다. 두바이도 마찬가지다. 분위기 좋은 레스토랑에서 먹으려면 런치 세트를 시켰는데도 둘이서 우리나라 돈으로 6만 원이 훌쩍 넘게 내야 한다. 특별히 좋은 곳을 간 게 아니다. 이게 평균이다.

여기에 시원한 맥주가 한 잔 더해지면 얘기가 달라진다. 한 잔에 1만 5,000원 정도가 우습게 나가는 곳이 이곳 두바이다. 피쳐도 아니고 병맥이나 생맥 한잔에 말이다. 편의점에서도 술을 아예 팔지 않기 때문에 술을 구하려면 차를 몰고 두바이를 벗어나 1~2시간 거리에 있는 술 판매점에 가거나 공항 면세점에서 구입해야만 한다. 서울 부분 승이라고 쓴 이유다.

이는 두바이가 이슬람 국가이다 보니 원칙적으로 음주를 금지하기 때문이다. 두바이에서 술을 팔려면 비싼 세금을 지불하고 주류 면허도 있어야 해 가격이 비싸다. 술을 즐기는 취향은 아니지만 가끔 맥주 한잔하고 싶을 때가 있는데 그때마다 불편하다.

'아부 무함마드 핫산 이븐 후세인 이븐 할릴 알 꾸드시'… 한 사람 이름이라고?

아랍인을 알려면 이름부터, 이름에 담긴 천년의 역사

처음 두바이에서 거주할 때 가장 먼저 부딪쳤던 문제가 '아랍인들 이름이 너무 길다'는 것이었다. 대충 무함마드 어쩌고 이렇게 시작하는 이름이 너무 긴데 이걸 어떻게 불러야 하는지, 뭐가 성이고 뭐가 이름인지 그리고 어떻게 불러야 공손한 건지 헷갈릴 때가 많아서 힘들었던 기억이 난다.

이렇듯 아랍에서는 종종 가족 이름을 쓸 때 아버지와 할아버지 이름을 같이 쓴다든지, 혹은 가족 관계를 상징하는 단어나 출신 지역명을 사용하는 경우가 많다.

성과 이름만 쓰는 한국인 입장에서는 다소 복잡하게

느껴질 수 있지만, 따져보면 의외로 재미있는 점도 있고 이름만 듣고서 그 사람의 배경이나 출신을 짐작할 수 있다는 장점도 있다.

이슴과 쿤야가 뭐기에

우선 아랍인의 이름을 이해하려면 '이슴(Ism)'을 알아야 한다. 이슴은 민수, 영식이, 서준이처럼 개인의 이름이라 생각하면 된다. 아랍 남성에게 흔히 사용되는 이슴으로는 '무함마드', '아흐마드', '카심', '아민', '아니스', '후세인', '하릴', '사미', '무스타파', '자키', '하산' 등 약 70~80종류가 흔하게 사용된다. 여성의 이슴으로는 '아말', '아이샤', '파티마', '자밀라', '카리마', '마리암', '루자인', '라이라' 등이 있다.

보다 공식적인 상황에서는 '쿤야(Kunya)' 형식이 사용된다. 쿤야는 아버지나 어머니임을 나타내는 경칭인데 예를 들어 '이븐(Ibn)'은 '~의 아들'이란 뜻으로 '이븐 무하마드'는 '무하마드의 아들'을 의미한다. 전통이 깊은 가문에서는 선조의 이름을 수 세대에 걸쳐 나열하는 경우도 있다. 공식 문서에서 남성의 이름은 보통 3대까지 기록한다.

또한 아이가 태어날 때 'A의 아버지' 혹은 'A의 어머니'라는 의미로도 쿤야가 사용된다. '아부 이스곽', '아부 자이드'란 이름에서 '아부(Abu)'는 아랍어로 '아버지'란 뜻이다. 그러니 '아부 자이드'는 '자이드의 아버지'란 뜻이다.

별칭 그리고 풀네임 말해보기

여기에 각종 별칭이 붙는다. 지명의 경우 '니스바(nisba)'라고 하는데, 만약 아랍인 아흐마드 씨가 예루살렘 출신이라면 예루살렘의 아랍어 호칭(꾸드스)을 붙여 '아흐마드 알 꾸드시'라 부른다. 중세 이슬람의 유명한 지리학자인 '알 마끄리지'는 '마그리즈 지역의 사람', 정치학자이자 철학자인 '알 바그다디'는 '바그다드 지역의 사람'이라는 뜻이다.

때로는 조상의 직업이 붙을 때도 있다. 캅바즈(khabbaz), 하자르(hajjar), 하다드(haddad), 나자르(najjar), 사라프(sarraf) 등 앞에서부터 빵장수, 석공, 대장장이, 목수, 환전상이란 뜻을 갖고 있다.

무협지나 판타지 소설에서 볼 수 있는 '칭호'가 붙을 때도 있다. 이를 '라카브(laqab)'라고 부른다. 흔히들 '살라딘'으로 알고 있는 살라흐 앗 딘(salah ad din, 신앙의 정의)부터 시작해서 바드르 알람(badr alam, 세상을 비추는 보름달), 야민 앗 다울라(yamin ad dawla, 국가의 오른손), 사이프 알라(sayf allah, 알라의 검) 등이 여기에 해당된다.

이제 이걸 다 붙이면 된다. 만약 꾸드스(예루살렘) 출신 아랍인 핫산이 국가적으로 큰 공헌을 세워 '야민 앗 다울라'라는 별칭을 받았고, 또한 무함마드라는 아들을 낳았다. 그의 아버지 이름은 후세인이고 할아버지 이름은 할릴이다. 그렇다면 그의 전통적인 아랍식 이름은 이렇게 된다.(아래의 이름은 실제로 존재하는 인명이 아니라, 독자의 이해를 돕기 위해 구성한 예시이다.)

'야민 앗 다울라 아부 무함마드 핫산 이븐 후세인 이븐 할릴 알 꾸드시'

이것에도 순서가 있다. 별칭이 제일 먼저 오고, 그다음에 쿤야와 아부가 오며, 그다음에 이슴, 그다음에 아버지 이름, 할아버지 이름, 마지막에 니스바이다. 요즘에는 별칭이나 쿤야 등은 다 빼버리고 대개 '핫산 알 후세인 알 할릴' 이런 식으로 쓰는 게 추세다. 그것도 아니면 '핫산 후세인 할릴' 이런 식으로 쓴다.

유명인 아랍 이름 해석해 보기

21세기 최고의 포워드 중 하나이자 리버풀 역사상 프리미어리그 최다 득점자인 이집트 국적의 '무함마드 살라(Mohamed Salah)' 선수를 살펴보자. 그의 본명은 '무함마드 살라흐 하메드 마흐로스 갈리(Mohamed Salah Hamed Mahrous Ghaly)'다. 이는 풀이하자면 "살라흐의 아들이자 하메드의 손자이자 마흐로스의 증손자이자 갈리 가문에 속하는 무함마드"를 의미한다.

미국의 유명 패션모델인 '지지 하디드(Gigi Hadid)'는 어떨까. 그녀의 본명은 '젤레나 누라 "지지" 하디드(Jelena Noura "Gigi" Hadid)'이다. 그녀의 이름 중 젤레나(Jelena)는 슬라브 어원으로 '밝은 빛'을 뜻하고, 누라(Noura)는 아랍어로 '밝은 빛', '광채' 어원을 가진 동의어다. 팔레스타인 출신 부동산 거부인 아버지와 네덜란드 출신의 전직 모델인 어머니 욜란다 하디드를 둬 다국적 정체성이 보이는 듯하다. 애칭인 '지지(Gigi)'까지 같이 고려하면 그녀의 이름은 '하디드 가문에 속하고 애칭 "지지"로 불리는 밝은 빛 예레나'가 되겠다.

우리나라에서 '부의 상징'으로 꼽히는 만수르 아랍에 미리트 부총리 겸 맨체스터 시티FC 구단주도 살펴보자. 그의 본명은 '셰이크 만수르 빈 자이드 빈 술탄 알 나하얀(Sheikh Mansour bin Zayed bin Sultan Al Nahyan)'이다. '술탄'은 중동에서의 통치자를 뜻하는 단어다. 여기서 그가 왕족의 자손임을 유추할 수 있다. 이름인 '만수르'는 '승리를 거두는(victorious)'이란 의미를 갖고 있다. 아들을 뜻하는 '이븐'은 앞에 고유명사가 올 경우 '빈(Bin)'으로 축약이 가능하다. 해석하자면 '술탄 알 나하얀의 자손이자 자이드의 아들 만수르'이다.

하나만 더 해보자. 만수르보다 재산이 10배 더 많은 세계 최고 갑부이자 화제의 인물인 빈 살만 사우디 왕세자는 어떨까. 우리가 '빈 살만'이라 부르는 그의 정식 이름은 '무함마드 빈 살만 알 사우드(Mohammed bin Salman Al Saud)'다. 이는 정리하자면 '살만의 아들이자 사우드 가문 소속인 무함마드'가 된다. 때문에 우리가 지금껏 빈 살만이라고 그를 불렀다면 그건 엄밀히 말해 틀린 호칭이 되겠다. 그의 이름은 무함마드이고 '빈 살만'은 살만의 아들이란 뜻이다. 언론에서 전임 왕세자 무함마드 빈 나예프와 구분하기 위해 사용한 호칭이 대중에게 정착된 듯하다. 그래도 알고 그렇게 부르는 것과 모르고 부르는 것에는 큰 차이가 있기 때문에 앞으로는 잘 이해하면 좋을 것이다.

중동 일부다처제에
무슨 일이?

　　　　　　　　　남자 한 명이 여러 부인을 둘 수 있는 '일부다처제' 관습은 한국인에겐 생소한 개념이지만 중동에선 자연스러운 개념이다. 한국인의 시선으로 이런 낯선 관습을 마주한다는 것이 참으로 신기한 경험이다. 개개인의 인격과 가치관을 지배하는 '문화'라는 것이 주는 힘에 대한 호기심이 솟는다 할까.

일부다처제의 역사

　　역사적으로 원래 인류는 일부다처제 형식의 생활을 추구하는 종이었다고 한다. 소수의 권력자는 많은 여자를 데리고 살면서 자신의 권력을 과시하곤 했다. 나라마다

수백 명의 후궁을 거느렸던 왕이 있었고, 우리나라에서도 양반 및 자본가들이 첩을 두고 후처를 데리고 사는 관습이 해방 이후까지도 이어졌다.

하지만 사회가 발달하고 민주주의의 보급으로 권력이 소수에서 다수로 넘어가면서 이런 관습이 대부분의 지역에서 사라졌다. 무엇보다 한 남성이 한 여성과만 혼인할 수 있는 '일부일처제'가 일부다처제에 비해 여러 장점을 가지고 있기에, 민주주의를 표방하는 대부분의 나라에선 큰 마찰 없이 폐지됐다.

예외가 이슬람 문화권을 비롯한 소수의 나라들인데, 이슬람권의 경우 당시 빈발했던 전쟁과 각종 사고로 가장을 잃은 가족의 아이들과 어머니를 부양하기 위해 허용됐던 제도가 사라지지 않고 지금까지 유지된 것이다. 이슬람 경전인 꾸란에 따르면 남성은 아내를 네 명까지 둘 수 있다.

일부다처제의 쓸쓸한 쇠퇴

최근 UAE에서 재미있는 통계가 발표됐다. UAE의 토후국*인 샤르자(Sharjah), 아즈만(Ajman), 움알콰인(Umm Al Quwain)과 푸자이라(Fujairah)에서 부인을 두 명 이상 둔 400명의 남편이 탄생(?)했으며 이 중 70%인 280명이 UAE 국민이 아닌 외지인이라는 것이다. 다시 말해 순수 UAE 국민으로 지난해 부인 한 명을 더 맞이한 남성의 숫자는 불과 120명 남짓하다.

이러한 통계에서 볼 수 있듯이 최근 젊은 세대들은 일부다처제를 기피하고 있는 추세다. 가장 주된 이유는 생활비의 압박과 여권 신장이다. "최근 젊은 여성들은 다른 여성과 내 남편을 공유하는 인식에 대해 찬성하지 않는다", "아이들 키우는 데 더 많은 돈이 들어가기만 한다", "한 명 챙기기도 힘들다", "돈도 없는데 무슨 능력으로 더 만나냐" 젊은 무슬림들에게 일부다처제를 어떻게 생각하냐고 물으면 나오는 대답들이다.

과거에는 여성이 남편이 자신을 포함한 여러 아내를 동등하게 대우한다면 이 관습을 받아들이고 순응했으나, 현재는 일부다처제가 가정의 안정성과 지속성에 부정적

---

* 이슬람 세계에서 군주가 다스리는 지역을 의미한다. UAE는 7개의 토후국(에미리트)으로 구성되어 있으며, 각 토후국은 독자적인 통치권을 가진 지도자(에미르)가 다스린다.

영향을 미친다고 생각하기 때문에 반대하기도 한다. 동등하게 여러 부인을 대하지 않는 것은 이슬람 규율 위반이요, 엄격한 이혼 사유지만 현실 세계에선 이와 관련해 소박맞은 여성들의 하소연이 가끔 언론에 등장하기도 한다.

남편과 함께 10년 전 UAE로 이주해 왔다는 아말 칼리파(Amal Khalifa) 씨는 "물심양면 남편을 내조하고 생활비를 벌어 오는 등 최선을 다했지만 어느 날 남편이 나보다 열 살이나 어린 여자와 결혼을 했다"며 "이유를 물어보니 더 젊은 아내를 원한다는 대답뿐이었다. 그는 모든 아내를 동등하게 대하라는 이슬람 율법도 지키지 않았으며, 거의 모든 시간을 그녀의 집에서 보내고 이따금 애들만 보러 우리 집을 방문한다"고 최근 UAE 언론과의 인터뷰에서 토로했다.

사람 마음이 칼로 잘라 공평하게 나눠줄 수 있는 것도 아니니 모든 부인을 동등하게 대한다는 것은 처음부터 불가능한 소리일지도 모른다. 이처럼 여러 이유로 인해 일부다처제 비율은 점차 감소하다가 종국에 사라질 것으로 많은 이슬람 전문가들은 예측하고 있다.

그래서인지 설사 여러 여자와 결혼을 하더라도 네 명까지 부인을 두는 무슬림은 극히 드물고, 보통 두 명만 두는 것이 요즘 트렌드라 한다. 두 명으로 충분한 마음의 위안을 얻었거나, 두 명 이상의 부인을 둘 정도로 마음에 여유가 없거나, 두 명을 동등하게 챙기기에도 바쁘다는 것이다.

무엇보다 UAE 왕의 친동생이자 우리나라에도 유명한 만수르도 부인이 두 명밖에(?) 없는 걸 보면 이 말이 수긍된다. 중동도 이제 일부다처제에서 일부일처제로 넘어가는 과도기에 있다는 의미일 것이다.

두바이엔 없고
한국에만 있는 것들

아랍에미리트(UAE) 두바이는 중동의 허브이자 국제도시로, 수많은 사람이 사는 곳이다. 국제도시라고 하지만 중동의 한복판인 만큼 문화나 살림살이 등이 한국과 매우 달라 흥미로운 곳이기도 하다. 두바이에서 살면서 느낀 '한국에는 있지만 두바이에는 없는 것'에는 무엇이 있을까.

공중목욕탕

한국의 공중목욕탕은 벗은 채로 뜨거운 물에 함께 몸을 담그고, 때를 밀고, 각종 마사지를 받고, 사우나까지 하는 데 단돈 1만 원 내외로 이 모든 것을 즐길 수 있는 공간이다. 이러한 우리나라식 공중목욕탕을 두바이에서는 찾아보기 힘들다.

물론 사우나는 있다. 하지만 우리나라의 그것과는 매우 다르다. 일단 이곳에서는 절대, 절대로 자신의 '그것(!)'을 보여주지 않는다. 우리나라 공중목욕탕에서는 훌렁훌렁 벗고 돌아다니지만 이곳에서 그렇게 했다가는 쫓겨날 수도 있다. 사우나에 들어갈 때도 수영복 같은 팬티를 입고 들어가야 하며, 탈의실에서조차 절대 자신의 음부를 보여주지 않는다.

처음에는 좀 적응이 안 되는 부분이기도 했다. 특히 필자는 수영을 좋아해 수영장에 자주 가는데, 수영장에 갔을 때 수영복을 입으려면 한번은 자신이 입고 있는 속옷을 벗어 나체가 된 다음 수영복으로 갈아입는 작업을 거쳐야만 한다. 하지만 이 짧은 3~5초 찰나의 순간조차도 허용하지 않았기 때문에 너무 귀찮았다.

중동 문화가 원래 이러니 이해는 하지만 그래도 탈의실 안에 미니 탈의실이 또 있어 그곳에 들어가서 수영복으로 갈아입는 건 불편했다. 아니 서로 좀 보면 어떠냐고.

돼지고기와 술

순대국밥, 돼지편육, 족발, 삼겹살 등 쪄 먹고 끓여 먹고 구워 먹고 다양한 방법으로 우리에게 즐거움을 주는 돼지고기를 먹고 싶을 때 못 먹는 것만큼 슬픈 일이 있을까. 두바이는 이슬람 문화권이기 때문에 한국인이 사랑해 마지않는 돼지고기를 먹지 않는다. 술도 마찬가지다. '하람'이라고 무슬림들이 해서는 안 되는 불경한 것에 들어가기 때문이다.

아예 방법이 없는 것은 아니다. 다행히 두바이 전 국민의 90%가 외국인이어서 암막커튼을 한쪽 구석에 쳐 놓고 돼지고기 취급 세션을 따로 만들어 놓은 대형마트가 가끔 있기 때문이다. 이곳에서 외국인을 위한 돼지고기를 구입할 수 있다. 또 식당 중에 돼지고기 취급 면허가 있어 돼지 요리를 파는 곳도 있긴 하다.

하지만 접근 가능성 측면에서 볼 때 우리나라처럼 자신이 원할 때 근처 정육점이나 심지어 편의점에서도 돼지고기와 돼지 요리를 살 수 있는 것과, 대형마트 한쪽 구석에 가야지만(없는 곳도 많다) 구할 수 있는 것은 차이가 아주 큰 법이다. 가격도 비싸다. 돼지고기를 취급하는 레스토랑에서 제대로 된 돼지고기 요리를 먹으려면 동종 메뉴보다 1.5배 정도 비싼 듯하다.

술도 비슷하다. 마트에서 팔지 않기 때문에 술을 구하려면 공항 면세점에서 사 오든가 시내에 있는 주류 판매점에 가서 사야 한다. 매우 귀찮은 일이다.

그래서 평범한 시민들은 돼지고기가 막 땡기지 않는 이상 자연스럽게 안 먹게 된다. 구하기도 귀찮을뿐더러 외식으로 돼지고기를 먹을 돈이면 같은 돈으로 양고기나 소고기를 더 많이 먹을 수 있기 때문이다. 술도 마찬가지다. 막 좋아하지 않는 이상 별로 안 마시게 된다. 생각해 보니 마지막으로 돼지고기를 먹은 것도, 술을 마신 지도 6개월이 훌쩍 넘은 것 같다. 슬픈 일이다.

시위와 데모

우리나라 광화문광장이나 여의도에서는 매주 각종 시위가 열리곤 한다. 이곳에서는 데모나 시위가 전혀 없다. 뉴스에서도 이 같은 소식을 전혀 찾아볼 수 없다. 말 그대로 '시위 청정 국가'다.

애당초 두바이는 국가에 해를 끼치는 행위에 대해 매

우 엄격한 곳이다. 우리나라는 대놓고 대통령이나 정부를 비판할 수 있지만 이곳에서 그렇게 하면 바로 감옥에 갈 수도 있다. 이는 두바이가 민주주의를 택하고 있지만 왕이 다스리는 왕정국가를 표방하기 때문이다. 또 나라에 불리하거나 국익에 해를 끼친다고 생각하는 소식은 아예 보도되지도 않는다.

집회·언론의 자유가 없다고 비판할 수는 있겠으나 생각보다 이런 나라가 꽤 많다. 우리가 언론의 자유가 높은 편이어서 피부로 잘 느끼지 못했을 뿐이다.

사실 현 두바이 국왕은 리더십과 능력 측면에서 별 이슈가 없기도 하다. 사막 불모지였던 두바이를 현재 '중동의 뉴욕' 위치까지 끌어올린 당사자이기 때문이다. 현지인은 물론이고 외국인들도 존경하고 따르기에 딱히 격렬히 시위하거나 데모할 일이 없기도 하다. 워낙 잘 통치하시니 말이다.

한국인이 봐도 파격적인
두바이 법

　　　　　　아랍에미리트 두바이는 중동의 허브로 전 세계 자금과 사람들이 모여드는 곳이다. 이렇게 돈이 모여들고 규제가 느슨하다 보면 무슨 일이 생길까. 자연스럽게 이상한 사람들도 많이 들어오고, 때로는 범죄자들이나 검은돈도 모인다는 것이다.

　각종 첨단 기업 투자가들이나 설립자들도 예외가 아니다. 두바이는 중동에서 기업을 유치하고 자금을 투입하고 거래소를 세우기 수월한 도시다. 그러다 보니 최근 몇 년 사이에 이곳에 급격히 많은 사람들이 유입되는 것을 목격하고 있다.

　그중에는 고귀한 뜻을 갖고 노동을 하고 투자를 하고 정당한 이익을 가져가는 사람도 있지만, 세상이 그렇듯이 그렇지 않은 사람도 섞여 있고 우리는 그걸 '당하기' 전까지진 알 수 없다. 때문에 두바이 현지 뉴스를 보다 보면 각종 투자 유치, 기업 설립과 관련해 사기 혐의로 외국인이 구속되는 사건을 종종 볼 수 있다.

그럼에도 불구하고 두바이 정부에서는 아직까지 적극적인 투자 유치와 규제 완화에 조금 더 방점을 둔 듯하다. 그 과정에서 나올 수 있는 범죄나 부작용 여파는 문제가 예측되는 대로 바로바로 수정·보완하는 식이다. 의사결정이 빠른 왕정국가이기에 가능한 방식이다.

알아두면 비즈니스를 하거나 현지 생활하는 데 도움이 될 법한 최근 UAE 두바이에서 쏟아지고 있는 파격적인 판례나 법안을 몇 개 소개해 보겠다.

급여를 암호화폐로 지급 가능

두바이 법원이 한 회사가 직원의 미지급 임금을 암호화폐로 지급할 수 있도록 판시했다. 2024년 9월에 나온 판례로, 암호화폐를 포함한 디지털 통화의 법적 지위를 강화했다는 의의를 갖는다.

이 사건은 한 직원이 부당해고를 당했다고 주장하며

회사를 상대로 소송을 제기하면서 시작됐다. 직원의 계약서에는 월급이 UAE 디르함과 EcoWatt 토큰이라는 암호화폐로 지급된다고 명시되어 있었고, 법원은 이 계약 내용을 존중해 회사가 직원에게 미지급된 급여를 두 가지 형태로 모두 지급하라고 판결했다.

법원에 따르면 이 사건의 중심에는 고용주가 6개월 동안 직원에게 5,250EcoWatt 토큰을 지급하지 않은 사실과 부당해고 문제가 있었다. 그리고 법원은 이 사건을 통해 암호화폐가 급여의 일부로 합법적으로 인정될 수 있음을 명확히 했다.

다만, 이 판결이 UAE의 법정 통화가 디르함이란 사실에 어떠한 영향을 끼치는 것은 아니라고 명확히 했고, 급여 지급은 여전히 UAE 정부 시스템에 등록되어야 한다는 점도 강조했다. 암호화폐로 지급되는 급여는 주택권, 주식과 같은 형태로도 적용될 수 있는 일종의 보너스라는 의미다.

법원에서 한국어로 혼인 가능

법원에서 아랍어가 아닌 한국어 음성을 들으면서 하

는 정식 결혼식이 가능해졌다. 아부다비 민사 가정법원이 UAE에 거주하거나 방문 중인 비무슬림 외국인을 대상으로 결혼식을 올릴 수 있는 법률혼 서비스에 개원 이후 지금까지 7개 언어로 제공되던 음성 성혼 서약문에 한국어를 추가했기 때문이다.

법률혼은 UAE 민법에 따라 이루어지는 결혼으로, 신랑과 신부 간의 민사 계약을 통해 합법적인 결혼이 이루어진다. 이 결혼은 이슬람 종교적 규범이 아닌 세속적 규정에 따라 진행된다. 아내의 아버지나 보호자의 허가도 필요하지 않다.

이전에는 UAE에서 외국인 비무슬림의 결혼 신고가 어려웠다. 결혼 후에도 부부 관계를 증명할 수 있는 혼인 신고서를 제출하기 위해 고국으로 돌아가 혼인 신고를 하고, 여러 번 공증을 받아야 하는 경우가 많았다.

이를 테면 한국에서 원본 문서를 발급받고, 자국 외교부에서 공증을 받고, 현지 UAE 대사관에서 또 공증을 받고, 이 문서를 UAE로 가져와 UAE 내무부에서 또 공증을 받는 식이다. 해외 생활해 본 사람은 알 것이다. 이런 모든 과정을 거치다 보면 정말 '멘탈'이 나가는 경험을 할 수 있다.

UAE 법원 결혼식은 판사와 결혼 공증인의 주재하에 진행되며, 사전에 녹음된 성혼 선언문을 듣고 결혼 서약을 한다. 기본적으로 영어로 제공되지만, 부부가 다른 언어를 요청하면 법원이 그에 맞춰 준비를 한다. 법률혼 의식은 음성 성혼 선언문에 따라 혼인 서약을 한 후, 인증샷을 찍고 결혼 계약서에 서명하는 것으로 마무리된다. 총 소요 시간은 약 10~15분 정도다.

미혼 커플 시험관시술 & 불임 부부 대리모 가능

2023년 11월부터 두바이에서 미혼 커플도 체외수정(시험관) 시술이 가능해졌고, 불임 부부를 위한 대리모 사용까지 가능해졌다. 또한 체외수정을 할 때 성별 선택도 가능해져서 딸이나 아들 중 특정한 성별을 원하는 가정의 선택권을 높였다. 대한민국은 모두 다 불법이거나 관련법 없이 사각지대다.

개정된 출산법에 따르면, 결혼하지 않은 비무슬림 커플이나 무슬림-비무슬림 커플도 두 사람의 이름으로 자녀를 등록하는 데 동의하면 체외수정 시술을 신청할 수 있게 됐다. 반면 무슬림-무슬림 부부는 시술 전 반드시 결혼증명서를 제출해야 한다.

불임 부부를 위한 대리모 역시 이번 개정에서 합법화됐다. 이전까지는 대리모를 통한 출산이 법적으로 금지되어 있었으나, 새로운 법에서는 이러한 조항이 삭제되어 각 토후국이 대리모 규정을 자체적으로 제정할 수 있게 됐다. 현재까지 중동 대부분 지역에서 대리모는 여전히 금지되어 있다.

이번 법 개정의 배경에는 UAE 내 미혼 커플의 증가, 체외수정 시술에 대한 사회적 수용 증가, 그리고 불임률 증가 등이 있다. 또한 UAE 정부는 이 법이 시행되면 자국 내 거주자들의 수요를 만족시키는 것은 물론 의료 관광객과 방문객을 더 많이 유치할 수 있을 것이라 기대하고 있다.

'육아 천국'
두바이는 무엇이 다르나

쌍둥이를 한국에서 출산한 후 두 달이 지난 시점에 가족이 함께 육아에 전념하기 위해 아내와 아이들을 데리고 아랍에미리트 두바이로 오게 됐다. 낯선 환경에서 두 아이를 돌보는 일이 쉽지 않을 거라는 걸 예상했지만, 현실은 생각보다 더 가혹했다.

함께 두바이에 온 장모님도 원래는 일주일만 머물다 가시겠다고 했지만, 막상 아기들을 돌보는 걸 보시고는 차마 발걸음을 떼지 못하셨다. 사위인 나 역시 간절한 마음으로 "조금만 더 계셔달라" 부탁했고 결국 한 달을 더 머물러 주셨다.

쌍둥이를 키우는 데 필요한 최소한의 인원은 몇 명일까? 흔히 부모 둘이면 충분할 거라 생각하지만, 현실적으로 최소한 세 명이 필요하다. 부모가 둘이라 해도 육아 외에는 어떤 다른 활동도 할 수 없고, 하루 종일 아기만 돌보는 것조차 버거운 일이 되기 때문이다.

여기에 먹고살기 위한 생계는 누가 책임지고 청소와 빨래 등 쌓인 집안일은 누가 하나? 심지어 파일럿인 나는 한번 멀리 비행을 가면 며칠간 들어오지 않을 때도 있다. 그렇게 되면 아내 혼자서 모든 일을 감당해야 한다.

친정이나 시댁의 도움을 받는 것도 한계가 있다. 이제 은퇴하고 인생을 즐길 시기에 있는 부모님에게 몇 년 동안 손주 육아를 전적으로 맡기는 건 모두에게 부담스러운 일이다. 이것이 바로 우리가 두바이에서 하우스 헬퍼인 '내니(nanny)'를 고용하기로 결정한 이유였다.

두바이 육아의 핵심, 내니

두바이에서는 내니를 고용하는 것이 일반적이다. UAE 정부 포털에 따르면, UAE 현지인의 90% 이상이 최소 한 명 이상의 하우스 메이드를 고용한 경험이 있으며, 두바이와 같은 대도시에서는 맞벌이 부부와 핵가족화로 인해 이들의 수요가 더 높아지고 있는 상황이다.

이러한 환경은 부모가 육아와 자신의 삶을 병행할 수 있도록 돕는다. 맞벌이 가정뿐만 아니라, 전업 부모도 내니를 고용하는 경우가 많다. 반복되는 작업에서 해방되어 남는 시간에 그만큼 자기계발을 할 수 있기 때문이다.

내니와 함께 육아를 하는 것은 단순히 편리함의 문제가 아니다. 쌍둥이가 아니더라도 부모 혼자 육아를 감당하기 어려운 상황에서는 반드시 필요한 선택이 될 수 있다. 육아는 본질적으로 사람의 손이 절대적으로 필요한 매우 노동집약적인 일이기 때문이다.

한국과는 다른 문화

두바이에서의 내니 문화는 한국과는 다르다. 한국에서는 입주시터를 이용하는 것이 흔치 않으며, 대부분 출퇴근형 돌봄선생님(베이비시터)을 활용한다. 반면, 두바이에서는 입주시터(Live-in Nanny)가 보다 보편적이며 주 6일 근무가 기본 조건이다. 이 과정에서 고용주와 내니 간의 역할이 명확하게 구분된다.

첫째, 내니는 물건의 위치를 바꾸지 않는다. 집주인의 사소한 물건 하나라도 임의로 치우지 않는다. 이 원칙이

유지되면, 내니가 어디까지 관여할 수 있는지 경계가 명확해진다.

둘째, 가족과 식사하지 않는다. 내니는 가족과 함께 식사하지 않고, 따로 식사 시간을 갖는다. 이는 고용주와 내니가 서로 불필요한 감정 소모 없이 업무적인 관계를 유지하는 데 도움이 된다.

셋째, 퇴근 후 공용 공간을 사용하지 않는다. 퇴근 후에는 본인 방에서 머물며, 아침까지 공용 공간에 거의 나오지 않는다. 가족이 저녁 시간을 온전히 보낼 수 있도록 배려하는 방식이다.

넷째, 고용주가 지시한 사항을 철저히 따른다. 분유 먹이는 시간, 재우는 시간 등을 철저히 지킨다. 한국에서는 '융통성'을 중요하게 여기지만, 두바이 내니들은 본인의 판단을 개입시키지 않고 철저히 지시대로 수행하는 것이 원칙이다.

마지막으로 불필요한 대화를 하지 않는다. 내니는 본인의 의견을 적극적으로 표현하지 않고, 필요한 질문만 한다. 말을 많이 하지 않는 것이 오히려 고용주 입장에서 편하게 느껴지기도 한다.

이러한 시스템 덕분에 두바이에서는 내니가 단순히

육아를 돕는 역할을 넘어, 부모가 자신의 삶을 유지할 수 있도록 돕는 중요한 존재로 자리 잡고 있다.

아동 친화적인 도시 두바이의 비결

내니 문화 외에도 두바이가 육아에 최적화된 이유는 많다. 우선 다문화적 환경을 꼽을 수 있다. 두바이는 전체 인구의 90%가 외국인이다. 그 덕분에 인종차별 이슈 없이 아이들을 키울 수 있으며, 영국·미국 학제를 선택할 수 있고, 자연스럽게 영어와 아랍어를 습득할 수 있는 환경이 조성되어 있다.

또한 나라 전체가 아동 친화적인 분위기다. 아랍권의 가족 중심 문화가 강해서 아이들과 함께하는 것이 자연스럽고, 어디서나 아이들이 있는 풍경이 당연하게 받아들여진다. 한국에서는 공공장소에서 아이들이 시끄럽게 하면 눈치를 보는 경우가 많지만, 두바이에서는 그렇지 않다.

여기에 육아 인프라 역시 잘 갖춰져 있다. 쇼핑몰과 레스토랑은 개방적인 구조로 설계되어 있고, 보도와 도로는 유모차와 휠체어가 자유롭게 이동할 수 있도록 정비되어 있다. 주차장에는 임산부와 아이 동반 차량을 위한 전용 구역이 마련되어 있다. 덕분에 아이를 데리고 외출할 때 스트레스가 줄어든다.

내니 고용은 특권인가 필요인가

이곳에서 내니를 고용하는 비용은 한국에 비하면 매우 저렴하다. 대략적으로 한국의 20~30% 정도인 듯 하다. 사실 제3국 노동자의 저렴한 인건비를 기반으로 한 내니 시스템을 착취 구조로 바라보는 시선도 있다. 노동의 사각지대에서 현지인처럼 정당한 대우를 받지 못한다는 것이다.

그러나 이들은 자국에 있는 가족의 생계를 책임지는 가장이기도 하다. 내니가 없으면 육아가 불가능한 부모가 있는 것처럼, 내니 역시 이 일을 통해 본국의 가족을 부양한다. 내니 입장에서도 본국에서 일하는 것보다 여기서 일하는 게 월급이나 대우가 훨씬 좋기 때문에 이곳에 머무는 것이다.

한국에서도 '육아의 사회화'를 이야기하지만, 현실적으로 부모에게 모든 부담이 전가되는 경우가 많다. 반면 두바이에서는 육아를 개별 가정이 아닌 사회 전체의 문제로 인식하며, 이를 해결하기 위한 시스템이 정착되어 있다. 내니 고용이 일반적이다 보니 관련 법과 제도도 잘 정비돼 있다.

따라서 이를 단순히 '노동 착취'로만 볼 것이 아니라, 내니와 고용주가 서로 필요한 관계 속에서 공생하는 구조로 이해할 필요가 있다. 물론 서로 다른 문화적 배경에서 오는 양육 방식의 차이, 계약 조건에 대한 인식 차이, 급여 인상이나 추가 휴가 요청 등 예상치 못한 변수들도 존재하지만 말이다. 내니와의 관계에서 단순한 고용을 넘어 상호 신뢰를 쌓고, 역할과 기대치를 명확하게 조율하는 과정이 필요한 이유다.

두바이 육아시스템을 한국이 배워야 하는 이유

두바이는 정말 육아 천국일까. 적어도 두바이에서 육아를 경험한 우리 가족에게는 그런 것 같다.

한국에서는 많은 부모들이 "둘째 생각 없으세요?"라는 질문에 손사래를 치며 하나 키우기도 벅차다고 말한다. 반면 두바이에서는 내니 제도와 아동 친화적인 사회 분위기 덕분에 부모가 육아로 모든 것을 포기해야 한다는 압박이 적다.

출산율을 높이기 위한 정책은 단순한 출산 장려금이 아니라, 부모가 아이를 키우면서도 자신의 삶을 유지할 수 있도록 실질적인 지원을 제공하는 것에서 시작해야 한다.

한국 출산율이 세계 최저를 기록하는 가운데, 더 이상 현실과 동떨어진 대책을 내놓기보다는 부모가 실제로 원하는 것이 무엇인지 면밀히 검토할 필요가 있다. 더 이상 육아 부담을 부모 혹은 할머니, 할아버지가 감당하도록 두는 것이 아니라, 사회가 함께 짊어질 수 있도록 시스템을 정비해야 한다.

두바이 육아 환경이 완벽한 것은 아니지만, 적어도 부모가 자신의 삶을 유지하면서도 아이를 키울 수 있도록 돕는 시스템이 갖춰져 있다는 점은 눈여겨볼 만하다. 한국도 아이를 낳고 키우고 싶은 환경을 만드는 데 집중해야 할 것이다.

2부

중동, 우리가 몰랐던 세계

아랍과 중동,
무엇이 다를까?

아랍 국가에서 살다 보니 우리나라에서 이쪽 이슈를 지칭할 때 '아랍'과 '중동'을 같은 의미로 사용하는 경우가 종종 눈에 띈다. 대체로 전문가가 아닌 일반인들이 운영하는 SNS 플랫폼에 많이 보이지만 가끔은 우리나라 언론도 이를 혼재해서 사용하는 듯하다. 하지만 한중일을 지칭할 때 '동북아시아'와 '극동'이라고 부르는 것이 미묘하게 다르듯이 이들도 정확히는 다른 개념이다.

중동(Middle East) 지역은 대체로 아랍어를 사용하는 사람들이 많이 살고 이슬람을 믿는다. 그러나 중동에는 아랍어를 쓰지 않는 이란, 튀르키예, 이스라엘 같은 나라들도 포함되기 때문에, 아랍과 중동을 정확히 이해하고 사용하는 것이 중요하다.

중동이란 단어는 지리적 위치를 기준으로 하는 용어로, 유럽 사람들이 자신들의 시각에서 아시아 지역을 구분하기 위해 사용한 것이다. 그들은 극동(Far East), 근동(Near East), 중동(Middle East)으로 아시아를 나눠 불렀다. 이러한 구분은 유럽 중심의 사고에서 비롯된 것으로, 지역의 역사적, 문화적 차이를 충분히 반영하지 못한다는 한계가 있다. 그럼에도 불구하고, 현재까지도 중동이라는 용어는 널리 사용되고 있다.

아랍 vs 중동

먼저 둘이 어떤 개념인지를 정확히 짚고 넘어가자. '아랍'은 언어적이고 민족적인 개념으로, 아랍어를 사용하는 국가들을 의미한다. 현재의 아랍 연맹(League of Arab States) 회원국들은 사우디아라비아, 이라크, 이집트 등을 포함한 22개국이다. 이들 국가들은 아랍어를 공용어로 사용하며, 꾸란 아랍어를 표준어로 삼고 있어 상호 간 의사소통이 가능하다. 아랍 민족이라는 단일 의식이 강하며, 정치적 결속과 경제적 협력을 위해 아랍 연맹을 구성하고 있다.

반면 '중동'은 지리적 개념이다. 중동 지역은 대체로 이란에서 이집트까지를 말하지만, 그 범위는 명확히 정의되지 않았다. 좁게는 이란, 이라크, 시리아, 레바논, 요르단, 이스라엘, 팔레스타인, 이집트를 포함하고, 넓게는 튀르키예, 사우디아라비아, 쿠웨이트, 바레인, 카타르, 아랍에미리트, 오만, 예멘 등도 포함된다. 북아프리카의 리비아, 알제리, 모로코까지를 중동의 일부로 보기도 한다.

중동 지역에는 아랍어를 사용하지 않는 국가들도 많다. 튀르키예는 터키어를 사용하고, 이란은 페르시아어(이란어)를 사용한다. 이스라엘은 히브리어와 아랍어를 공용어로 사용한다. 따라서 이란 사람에게 "나는 너희 아랍 사람들을 좋아해"라고 말하면 한국인에게 "나는 너희 중국인을 좋아해"라고 말하는 것과 비슷한 의미다.

그 외에 현지에서 구분하는 방법들

중동 지역에서는 '메나(MENA, Middle East and North Africa)'라는 용어도 자주 사용된다. 이는 중동 지역에 북아프리카 국가들을 포함한 지역을 지칭하는데, 비즈니스 문맥에서 많이 사용된다. 예를 들어, 기업에서 중동

북아프리카 지역을 담당하는 현지 사무소를 설치할 때 'MENA 지역 본부'라고 부른다. 여기에 파키스탄까지 담당하면 'MENAP 지역 본부', 터키를 포함하면 'MENAT 지역 본부'라고 한다.

또한, '마슈렉(Mashreq)'과 '마그레브(Maghreb)'라는 용어도 있다. 마슈렉은 이집트를 중심으로 해가 뜨는 동쪽 지역을 의미하며, 여기에는 이집트, 요르단, 레바논, 시리아가 포함된다. 때로는 이라크와 아라비아반도 전체의 나라들을 포함하기도 한다. 마그레브는 해가 지는 서쪽 지역을 의미하며, 알제리, 리비아, 모리타니, 모로코, 튀니지를 포함한다.

이슬람은 종교적 개념으로, 중동 지역에 국한되지 않는다. 아랍어를 사용하지 않더라도 이슬람을 믿는 지역과 국가는 이슬람권으로 분류된다. 일반적으로 이슬람권은 무슬림이 다수 거주하는 지역을 의미한다. 여기에는 중앙아시아, 인도, 인도네시아, 말레이시아, 필리핀(민다나오섬), 중국의 신장웨이우얼 자치구 등이 포함된다. 따라서 이슬람권은 중동 지역 국가들보다 훨씬 넓은 범위를 포괄한다.

이슬람 협력기구(OIC, Organization of Islamic Cooperation)

는 이슬람을 믿는 국가들 간 상호 협력을 목적으로 설립된 국제 기구로, 4개 대륙에 걸쳐 57개국이 회원국으로 참여하고 있다. 이는 유엔 다음으로 큰 정부 간 조직이다. 전 세계적으로 이슬람을 믿는 무슬림의 인구는 약 16억 명에 이른다.

또 하나 알고 있으면 유용한 개념이 '걸프 협력회의 (GCC, Gulf Cooperation Council)'이다. GCC는 아라비아 반도에 위치하며 아라비아만에 연해 있는 사우디아라비아, 쿠웨이트, 바레인, 카타르, 아랍에미리트, 오만, 이렇게 6개 산유국을 가리킨다. 최근에는 아랍연맹보다 GCC의 중요성이 더 커졌다. 중동에서 돈과 물자가 넘치는 나라들이기 때문이다.

GCC는 1981년에 출범한 정치-경제 분야 협력 동맹체다. 출범 당시 주변 정세를 살펴보면 1979년 아라비아 반도와 이웃한 이란에서 이슬람 혁명이 일어나 팔레비 왕정이 무너졌고, 구소련이 아프가니스탄을 침공했으며, 1980년에는 이란-이라크 전쟁이 일어났다. 이러한 상황에서 아라비아반도에 있는 6개 산유국이 한목소리를 내기 위해 GCC를 설립했다. 설립 초기에는 안보 측면의 공동 대응과 협력이 주요 사안이었으나, 이후 경제 통합 협정 체결, 관세 동맹 및 통화 동맹 출범 합의 등 경제적 측면에서의 협력이 강조되어 유럽의 EU와 같은 경제 공동체로 발전시키려는 노력에 박차를 가하고 있다.

2023년 기준으로 GCC 6개국의 GDP는 약 2조 2,000억 달러에 달하며, 인구 규모는 약 5,500만 명이다. 대한민국과 GCC는 2008년부터 자유무역협정(FTA) 체결을 논의한 끝에 15년 만에 지난 2023년에 극적 타결했다. 앞으로 에너지 분야를 비롯해 산업 전 분야에 걸쳐 양측 간 교역이 더욱 활발해질 것으로 전망된다.

이처럼 아랍과 중동의 차이를 명확히 이해하고, 각 지역의 특성에 맞춘 접근이 필요하다. 이러한 차이를 잘 이해하면 현지 비즈니스에서도 더욱 성공적인 결과를 얻을 수 있을 것이다.

중동 여행 갈 건데…
'히잡' 꼭 써야 하나요?

중동에 살다 보면 가끔 이곳으로 여행 오는 사람들에게 질문을 받곤 한다. 대부분 먹을 것, 입을 것에 관련된 질문인데, 그중 대표적인 것 중 하나가 '한국 여성이 이슬람 국가에 놀러 갔을 때 여성복인 히잡(Hijab)을 써야 하나요?'이다.

히잡은 전신 의복이 아닌, 얼굴 일부와 머리만을 둘러싸는 형태로 두르는 천이다. 히잡의 문자적 의미는 '가리다', '막다' 또는 '분리하다'로, 이는 원래 물리적인 가리개나 스크린을 의미하는 아랍어 단어에서 유래됐다.

결론부터 말하자면 히잡 착용 여부는 상황별, 나라별로 다르다. 우리나라도 같은 아시아권에 묶여 있지만 중국, 일본과 문화가 다르듯이 이들 나라들도 마찬가지다.

같은 히잡을 쓰더라도 어떤 지역에서는 이마 부분을 드러내고 나머지 머리카락을 가리는 방식으로 착용하기도 하고, 다른 곳에서는 머리카락을 전부 가리기도 한다. 또 어떤 곳은 히잡 착용이 강제처럼 느껴지기도 하고 어떤 곳은 자유롭게 해도 그만, 안 해도 그만인 분위기다.

히잡과 관련된 역사·문화적 측면과 필자의 실제 경험에 기초해 중동 내 관광객의 히잡 착용과 이에 대한 궁금증을 해소해 보자.

히잡의 기원과 역사

사실 히잡은 고대로부터 전해 내려오는 중동의 토착 풍습 가운데 하나이다. 중동의 뜨거운 햇볕과 모래바람으로부터 보호받기 위해 이 지역 유목민들은 머리에 두건을 썼다. 머리에 썼던 베일은 자연과 기후 조건에서 보호받기 위한 자발적인 발명품이었다.

인류 역사에서는 수메르인들이 약 3,000년 전에 고대국가의 형태를 처음으로 세웠다고 알려졌다. 도시국가의 발전과 함께 나타난 군사적 중요성은 남성의 사회적 우위를 확립하는 데 기여했다. 그리고 전통적인 가족 구조가

자리 잡으면서 여성은 남성의 보호를 받는 위치에 놓이게 됐다.

이에 따라, 남성에게 '속한' 여성과 속하지 않은 여성을 구분할 필요성이 생기게 됐다. 중동에 위치한 메소포타미아의 각 도시국가들이 성장하면서, 여성에 대한 규제는 더욱 엄격해졌다. 함무라비 법전을 시작으로, 아시리아법에서는 베일 착용을 명시적으로 규정했다.

'군주의 여성들과 첩들은 베일을 착용해야 하며, 신전에 바쳐진 여성들도 결혼 후 베일을 착용해야 한다. 그러나 매춘부나 노예는 베일을 쓸 수 없으며, 이를 어길 경우에는 엄중한 처벌을 받는다.'

아시리아에서 시작된 베일 착용은 그리스와 로마, 유대교, 비잔틴에까지 영향을 미쳐 중동 지역의 관행으로 자리 잡았다. 이처럼 역사적으로 히잡 착용의 관습은 이슬람 이전 시대부터 존재했다. 그러나 구체적으로 명시된 것은 이슬람교 경전 꾸란에 의해서다.

> 믿는 여성들에게 일러 가로되, 그녀들의 시선을 낮추고 순결을 지키며, 밖으로 드러내는 것 외에는 유혹하는 어떤 것도 보여서는 아니 되느니라. 그리고 가슴을 가리는 머릿수건을 써서 남편

과 그녀의 아버지와 남편의 아버지와 그녀의 아들과 남편의 아들과 그녀의 형제와 그녀 형제의 아들과 그녀 자매의 아들과 여성 무슬림과 그녀가 소유하고 있는 하녀와 성욕을 갖지 못한 하인과 그리고 성에 대한 부끄러움을 알지 못하는 어린이 외에는 드러내지 않도록 하라. - 제24장 「빛의 장」 제31절

구절을 보면 '유혹하는 것'과 가슴이라고 언급되었을 뿐 무슬림 여성이 가려야 할 신체 부위는 구체적으로 언급되어 있지 않다. 그러다 보니 가려야 할 부위가 역사가 흐르면서 이슬람 법학자들의 해석에 따라 결정됐다.

이슬람 초기에 히잡 착용은 잘 지켜지지 않았다. 하지만 시간이 흐르면서 상업을 통해 막강한 부를 축적한 무슬림들이 유입된 공동체에서는 상류층 여성들이 자연스럽게 이슬람 율법에 따라 히잡을 쓰기 시작했고, 그들에게 동화되고자 했던 피지배 계층 여성들에게까지 히잡이 확산되면서 점차 퍼져 나갔다.

초기 이슬람 사회에서 여성의 의복은 사회적 지위와 정체성의 표시물이었다. 비잔틴과 사산 제국의 영향을 받은 지역에서는 여성들이 전통적으로 머리를 덮는 스타일을 선호했다. 또 다른 지역에서는 이마를 드러내놓는 스

타일을 선호하는 등 가지각색이었다.

히잡의 정치화와 반히잡 시위

그러다 19세기에 접어들며 식민주의의 영향과 함께 서구 문화의 침투가 늘어나면서 히잡 착용에 일부 변화가 나타난다. 식민화된 지역에서는 히잡을 둘러싼 관행과 규제가 완화되거나 변형되기도 했으나, 많은 이슬람 사회에서는 히잡을 문화적 저항과 정체성 유지의 수단으로 강화하는 경향을 보였다.

대표적 예로 근대화와 서구화를 지향했던 이란 팔레비 왕조(1925~1979)는 여성들이 히잡을 착용하는 것은 근대화에 장애가 된다고 믿었다. 심지어 1934년에는 히잡 착용을 법으로 금지한 적도 있었다.

그러나 이런 정책은 이슬람 전통주의자들의 반발을 샀고, 결국 1979년 호메이니가 일으킨 이슬람 혁명으로 귀결됐다. 이슬람 회귀를 주장하며 권력을 잡은 정권이기 때문에 그들은 이슬람을 상징적으로 보여줄 수 있고 그들의 정치 이념과 성과를 효과적으로 선전해줄 수 있는 도구가 필요했는데 그 수단 중 하나가 히잡이었다.

혁명 후 이란에서는 여성들에게 히잡 착용을 법적으로 의무화했고, 이는 여성의 권리와 사회적 역할에 관한 광범위한 논쟁을 촉발시켰다. 이러한 강압 정책은 오랫동안 이란 시민들의 불만을 만들었고, 결국에는 지난 2022년 이란에서 대규모 반히잡 시위가 촉발됐다.

시위 중 이란 젊은이 500여 명이 사망하고 2만여 명이 체포됐으며, 10·20대 젊은이들이 주축이 된 시위는 국제사회로 퍼지며 큰 파장을 일으키기도 했다. 이처럼 현재에도 히잡은 단순한 옷을 넘어 다양한 논쟁을 불러일으키며 이슬람 문화의 상징으로 여겨지고 있다.

중동 여행 시 히잡 가이드라인

중동에 위치한 각 주요 나라별 히잡 착용과 관련된 대략적인 인식은 다음과 같다. 관광객에도 적용되는 얘기다.

1. 아랍에미리트(UAE): 매우 자유롭다. 관광객이라면 히잡을 착용하지 않아도 괜찮다. 이에 대해 눈치를 주거나 그런 것도 없다. 모스크 같은 종교시설을 방문할 때만 히잡을 착용하면 된다.

2. 사우디아라비아: 전통적으로 매우 보수적인 나라로, 과거에는 모든 여성에게 공공장소에서 히잡과 아바야(몸을 가리는 긴 옷) 착용이 사실상 요구됐다. 최근에는 빈 살만 왕세자의 사회 개혁의 일환으로 자국인과 관광객 모두에게 히잡 착용은 법적 의무가 아니지만, 여전히 의복은 정숙해야 한다.

3. 이란: 대규모 히잡 시위의 여파가 아직 남아 있다. 아직까지 공식적으로는 여성은 공공장소에서 히잡을 착용해야 한다. 이란 젊은이들 사이에서는 이에 반기를 들며 따르지 않는 사람들도 있지만 관광객이라면 불필요한 갈등을 피하기 위해 따르는 것을 추천한다.

4. 튀르키예: 튀르키예에서도 여성의 히잡 착용은 전적으로 개인의 선택이다. 관광객에게 특별한 제약이 없으며, 대부분의 공공장소와 관광 명소에서 자유로운 복장이 허용된다.

한번은 개인적으로 아랍에미리트에 사는 한 현지 여

성에게 히잡 착용과 관련해서 질문을 한 적이 있었다. 밖에 나갈 때 검은 옷만 입고 나가면 그래도 조금은 불편하지 않냐, 가끔씩은 예쁜 옷들도 마음껏 입고 싶지 않냐는 것이었는데, 이 여성의 답변은 다음과 같았다.

> 글쎄요, 전 이렇게 우리의 전통복장을 입는 것이 자랑스러워요. 타인과 저를 구별시킬 수 있는 자랑스러운 무슬림으로서 그리고 전통을 중시하는 한 개인으로서 이렇게 입고 다니는 것이 좋아요. 별로 불편하다는 생각은 안 해요.

이는 서구에서 말하는 '여성인권의 억압으로서의 히잡' 인식으로만 익숙해져 있던 필자에게 신선한 충격을 안겨줬다. 외국인 비율이 90%에 육박하는 UAE에서 여성 무슬림 정체성을 확인시켜주는 자랑스러운 수단이라는 뜻이다.

이 여성의 말이 이해가 되지 않는다면 그건 아마 당신이 한국인이라서 그런 것이다. 필자도 솔직히 100% 공감은 가지 않는다. 하지만 이곳에서 태어나고 자라났으면 다르게 생각했을 수도 있는 것이다. 타인을 이해하고 그 나라 문화를 이해한다는 것이 이렇게 어려운 일이다.

이렇듯 관광객이라면 방문하는 각 나라의 규정과 문화를 미리 알고, 존중하며 준수하는 것이 중요하다. 특히 이슬람 유적이나 장소는 특별히 더 보수적인 복장 규범이 적용되므로 방문 전 해당 장소의 규칙을 확인하는 것이 좋다.

대체로 관광객들에게는 너그러운 태도가 적용되나, 현지 문화에 대한 무지로 인해 불쾌감을 주거나 법적인 문제에 휘말리는 것은 피하는 것이 좋다. 따라서 중동지역으로 관광을 올 때 UAE나 튀르키예와 같이 히잡을 확실히 착용하지 않아도 되는 곳이 아니라면, 보수적인 가치를 존중하는 쪽으로 선택하는 것이 가장 안전할 것이다.

사우디를 이해해야
네옴(NEOM)이 보인다

『HUNTER×HUNTER(헌터x헌터)』란 만화가 있다. 매우 재밌지만 동시에 연재보다 휴재가 더 길어 팬들의 애간장을 녹이는 그런 만화로 알려져 있다. 1990년대 초히트작 만화『유유백서』의 작가이기도 한 일본인 토가시 요시히로가 20년 넘게 연재하고 있는 장편만화다.

"더 큰 세상이 있는 것을 알려줄게."

주인공 곤 프릭스가 아빠의 흔적을 찾기 위해 '헌터'를 꿈꾸며 이 만화는 시작한다. 그 뒤 책으로는 30권 정도 분량의 수많은 사건들을 겪고, 길고 긴 우여곡절 끝에 결국 곤은 아빠를 만나는 기회를 갖게 되는데, 아빠는 아들을 만나기 전에 "세계수에서 기다리고 있겠다"는 쪽지를 남긴다.

'세계수'는 끝이 보이지 않는 아주 커다란 나무다. 하루 종일 올라간 끝에 곤은 세계수 꼭대기에서 그렇게 기다리던 아빠와 드디어 재회한다. 아빠 진 프릭스는 "왜 이렇게 늦게 왔냐"면서 타박을 한 뒤, 부자는 오붓하게 즐거운 시간을 보낸다.

『헌터x헌터』 만화에서 '세계수'는 세상에서 가장 높은 나무일 뿐만 아니라, 주인공을 또 다른 사건으로 안내하는 촉매제이자, 더 큰 세상을 바라볼 수 있게 하는 중요한 분기점이 된다.

사우디의 '네옴 프로젝트'를 볼 때마다 이 만화의 세계수가 떠오른다. 사우디 북서부 홍해 인근 황야를 인류가 경험해 보지 못한 미래적 공간으로 만들겠다는 야심찬 계획. 가장 높은 곳에서 세상을 바라보려 하는 듯한 이 프로젝트가 어쩌면 우리 인간의 지평선을 넓히는 계기로 작용할 수는 있지 않을까.

사우디 정부가 비전 2030 정책의 일환으로 발표한 신도시 계획 '네옴 프로젝트'는 석유에 지나치게 의존하는 경제 구조에서 탈피하기 위해 약 1조 달러(약 1,340조 원)를 사용해 서울의 43배 크기에 달하는 지역에 신도시를 짓는다는 구상이다.

친환경 도시를 컨셉으로 잡았기에 대부분의 지역은 자연 환경 그대로 유지되며, 도시로 개발되는 지역은 극히 일부분이다.

그렇다면 여기서 질문을 하나 해보겠다. 왜 가만히 있던 사우디는 이런 1,000조 원 이상이 들어가는 프로젝트를 시도하는 것일까. 돈이 너무 많아 주체를 못 해서일까 아니면 다른 이유가 있을까. 이 질문에 대답을 하기 위해서는 이 프로젝트 자체가 아닌, 이 프로젝트를 촉발한 문제의식이 누구의 손에서 어쩌다, 왜 시작되었는지를 살펴봐야 한다.

"석기시대는 돌이 없어 끝난 것이 아니다"

에너지에 관심이 있는 사람이라면 아마 "석기시대는 돌이 없어 끝난 것이 아니다"라는 말을 들어봤을 것이다. 이 말의 출처는 예전 사우디의 석유 장관이었던 셰이크 야마니(Ahmed Zaki Yamani)다. 그는 2000년에 이 말을 하면서 "석유가 있어도 석유 소비가 크게 줄어들 것"이라는 예언을 했고, 사우디가 석유에 지나치게 의존하고 있는 현 상황에 경고를 보냈다.

미래의 경제를 이야기할 때 등장하는 많은 분야 중 에너지만큼 가야 할 방향이 명확하게, 그것도 오래전에 규정된 분야도 많지 않다. 화석연료 에너지는 한정된 자원으로 국제갈등의 원인이 됐을 뿐만 아니라 기후변화의 주범으로 인류 문명의 심각한 위협이 되고 있다. 화석연료의 대안이 재생가능 에너지라는 것은 우리가 이미 오래전부터 알고 있는 사실이다.

마찬가지로 사우디 역시 예전부터 석유 이후의 시대에 대해 계속 고민해 왔다. 이런 와중 2015년 무함마드 빈 살만 알 사우드(이하 빈 살만) 왕세자가 사우디의 새로운 권력자로 등극하게 된다.

그 역시 앞선 사우디의 위정자들처럼 이슬람의 성지 메카를 끼고 있는 자국이 석유 없이도 살아남을 길을 모색하기 시작했다. 그러나 아직 경험이 부족한 데다 개혁 방안을 수립할 인력이 절대적으로 부족했다. 그래서 빈 살만은 연 10억 달러 이상을 쏟아 서구 컨설턴트 회사의 머리를 빌렸다. 신선한 제언도 듣고 개혁 정당성도 획득하는 일석이조였다.

그리고 이 위기의식은 2016년 '사우디 비전 2030'으로 탄생하게 된다. 사우디 비전 2030은 사우디가 석유에서 벗어나 경제를 다양화하려는 계획으로, 이 계획의 핵심은 산업 다각화와 국가 주도 경제에서 민간 주도 시장 친화 경제로의 전환이다.

2015년 사우디의 비석유 분야 재정 수입이 436억 달러, 즉 1,635억 사우디 리얄이였는데, 이를 2030년에는 2,670억 달러(1조 SR)로 올리는 것을 목표로 삼았다. 이를 위해 사우디는 국영 석유회사 아람코의 일부 지분을 상장하고, 비석유 분야의 재정 수입을 크게 늘리는 등의 노력을 했다.

네옴을 이루는 세 가지 축

그가 개혁 드라이브를 시작하자 사우디 역사상 최초의 전기자동차 브랜드 '시르(Ceer)'의 설립, 알울라와 헤그라를 중심으로 한 관광산업, 1979년 문 닫은 영화관의 재개관 등 전례 없는 변화가 시작됐다. 그리고 이 챕터의 주제이기도 한 홍해 연안의 신도시 '네옴'은 이 시기에 구체적인 계획이 수립되기 시작했다. 네옴은 미래 도시의 전형적인 사례로, 첨단 기술과 친환경 산업이 결합된 도시를 목표로 한다.

자동화된 자급자족형 미래도시 '더 라인', 전 세계 물동량 15%를 차지하는 홍해에 떠 있는 친환경 첨단산업단지 '옥사곤', 2029년 동계아시안게임이 열릴 친환경 관광단지 '트로제나'가 네옴을 구성하는 세 가지 핵심 요소다.

이 가운데 가장 널리 알려진 프로젝트는 '더 라인'이다. 사우디 지도의 북서쪽에 위치할 거대 도시 네옴 내에, 원래 길이 170km · 폭 200m 규모의 직선 도시를 조성할 계획이었으나, 현실적인 이유로 2030년까지 우선 완공할 구간이 2.4km로 축소됐다.

더 라인 외에도 지름 7km의 팔각형 산업도시 옥사곤과 친환경 관광단지 트로제나는 아직 구체적인 모습이 공개되지 않았다. 더 라인과 마찬가지로, 이들 프로젝트 또한 향후 계획이 대폭 수정될 가능성이 있다.

35세 이하 젊은 여성을 주목하라

이러한 개혁이 성공하려면 무엇보다 자유로운 사회

분위기가 필수다. 실제로 중동에서 유일하게 글로벌 금융 허브로 도약한 두바이의 경우, 제한적이기는 하나 음주와 돼지고기까지도 허용되는 자유로운 사회분위기가 번영의 계기가 됐다.

빈 살만 왕세자는 지난 2017년 비전 2030 세미나에서 "극단주의자들 때문에 우리의 30년을 망칠 수 없다"며 그동안 사우디를 지배해 온 이슬람 근본주의를 없애겠다고 공언하고 "특히 성공을 위해서 35세 이하의 젊은 계층 그리고 노동인구의 절반을 차지하고 있는 여성의 참여가 필수적"이라고 공언했다.

개혁은 바로 시작됐다. 몸을 꽁꽁 싸매야 했던 여성들이 히잡에서 벗어났고, 스스로 차를 몰고 원하는 곳에 갈 수 있는 자유를 얻었다. 콘서트장이나 운동 경기장에서 남녀가 합석할 수 있을 뿐 아니라, 심지어 여성 항공기 조종사도 볼 수 있게 됐다.

개혁의 성과는 구체적인 지표로도 확인된다. 세계은행 데이터에 따르면 2024년 사우디 여성의 경제활동 참가율은 약 35%를 기록했다. 빈살만 왕세자가 여성의 경제 참여를 처음 강조한 2017년 20.1%에서 약 1.5배 대폭 상승한 수치로, 지속적인 증가세를 보이고 있다.

여기에 2022년 세계은행에서 발행된 『여성, 기업 및 법률 보고서』에서는 사우디가 여성과 관련된 법과 규정을 가장 많이 개혁한 국가 중 하나로 분류됐다. 또한 사우디 인적자원부에 따르면 2024년 신규 사업 등록자 중 여성 비율이 44%에 달하는 것으로 나타났다.

빈 살만 왕세자는 빌 게이츠, 스티브 잡스, 마크 저커버그 등 혁신적인 기업가들을 본받아, 자신의 왕국도 석유를 넘어서 다양한 산업으로 경제를 전환하려는 큰 꿈을 품고 있다. 이러한 변화와 혁신은 사우디아라비아를 석유 중독에서 벗어나게 하는 해독제로 작동하고 있다는 평가다. 다만 이는 사우디 일부 보수파의 반발을 불러일으키고 있기도 한데, 상세한 얘기는 뒷 챕터에서 다루겠다.

네옴을 절대 포기할 수 없는 이유

이러한 변화를 추구하는 과정에서 많은 어려움이 예상되고 있다. 그간 사우디 경제와 사회가 석유에 지나치게 의존하고 있었던 만큼, 이를 벗어나 다양한 산업으로 전환하려는 시도에는 많은 자원과 시간, 그리고 끈기가 필요하기 때문이다.

최근에는 사우디의 재정 악화로 네옴 프로젝트에도 제동이 걸리고 있다. 2022년 말부터 지속된 국제유가 하락으로 사우디는 6분기 연속 재정적자를 기록했으며, 2024년 1분기에만 4조 5천억 원의 적자를 냈다. 이로 인해 사우디 정부는 네옴 관련 예산을 최대 60%까지 삭감했고, 더 라인 프로젝트는 당초 계획보다 대폭 축소됐다.

이러한 상황으로 일부 한국 기업들도 사업 전략 재검토에 나섰다. 삼성물산과 현대건설 등 국내 기업들이 이미 참여 중인 공사는 계속 진행되고 있지만, 당초의 장밋빛 전망과는 달리 추가 수주 가능성을 크게 낮춰 잡아야만 했다.

그럼에도 사우디 정부는 네옴을 완전히 포기하지 않을 것으로 보인다. 2030년 리야드 엑스포, 2034년 월드컵 등 국제행사 개최를 앞둔 상황에서 국가 위상 제고를 위해서라도 프로젝트를 지속해야 하는 입장이기 때문이다.

또한, 이 프로젝트를 통해 만들어지는 새로운 도시가 사우디 사회와 어떻게 호흡을 맞추는지, 그리고 이 도시가 사우디의 성장을 이끌어낼 수 있는지에 대한 물음도 해결해야 한다. 그러나 사우디의 미래를 위해선 변화가 필요하며, 변화를 위한 노력을 가장 잘 보여주는 것이 '네옴 프로젝트'이기에 사우디 입장에서는 절대 포기할 수 없다.

사우디의 네옴 프로젝트를 언급할 때 가장 많이 비교되는 케이스가 두바이의 성공신화다. '듣보잡' 그 자체로 30년 전만 해도 아무것도 없는 황무지 사막 그 자체였다가 지금은 세계에서 가장 번영한 도시 중 하나로 자리 잡은 두바이처럼 사우디 역시 그 전철을 밟을 수 있다는 것이다.

두바이의 인공섬인 '팜 주메이라' 프로젝트를 예로 들어보자. 2000년대 아무것도 없던 망망대해 위에 6년여 동안 바위 700만 톤, 모래 9,400만m^3를 쏟아서 여의도의 3분의 2 규모인 560만m^2(170만 평)의 해상 신도시를 만들었다.

그러는 동안 약 20조 원이 넘게 들은 것으로 알려져 있다. 중간에 모라토리엄 선언*도 했었고 우여곡절도 많

---

* 모라토리엄 선언(moratorium declaration): 국가 또는 기업이 일시적으로 채무 상환을 유예 혹은 중단하겠다고 공식적으로 발표하는 것을 의미한다. 보통 경제적 어려움이나 재정 위기를 겪을 때 채무불이행(디폴트)을 막기 위한 조치로 사용된다.

왔지만 현재는 돈이 있어도 파는 사람이 없어 구입 못 하는 초럭셔리한 인공섬으로 거듭났다. 베컴, 마돈나, 페더러 등 이름만 들으면 알 법한 글로벌 셀럽들이 현지에 별장을 두고 종종 방문하는 걸로 알려졌다.

팜 주메이라보다 훨씬 더 많은 자본과 다양한 기업 참여, 발전된 기술이 동원되는 네옴 프로젝트가 만약 성공한다면, 사우디는 인류사에서 석유 시대를 넘어 다양한 산업의 전환을 해낸 선구자가 될 것이다. 재정 위기와 계획 축소라는 현실적 어려움에도 불구하고 이러한 변화를 통해 사우디는 지속 가능하고 다양화된 경제를 구축하고, 그로 인해 더욱 풍요로운 미래를 맞이할 수 있을 것이다. 빈 살만 왕세자의 리더십 아래, 사우디는 다시 한번 강력한 변화를 시도하고 있다. 빈 살만 왕세자는 과연 매직을 보여줄까.

네옴의 아버지,
무함마드 빈 살만

앞서 봤듯이 무함마드 빈 살만 왕세자는 네옴의 알파와 오메가요, 처음과 끝이라고 봐도 무방하다. 그의 일생을 들여다보면 그가 평소에 어떤 생각을 하고, 그가 꿈꾸는 네옴과 사우디아라비아의 청사진은 무엇인지 정확히 그릴 수 있게 된다.

그는 사우디의 왕세자이자 총리를 역임하고 있으며, 동시에 경제개발위원회 의장과 정치안보위원회 의장도 역임하고 있다. 영국 축구단인 뉴캐슬 유나이티드 FC의 구단주이기도 하다.

언론에서는 그의 이니셜을 따서 'MBS'라고 부르기도 한다. 보통 한국에서 '빈 살만'이라고 부르는 것과 대조적이다. 사실 빈 살만이라는 건 '살만의 아들', 즉 아버지인 살만 국왕의 아들이라는 의미를 담은 아랍식 작명법이고, 그의 실제 이름은 무함마드다. 하지만 이 책에서도 한국 미디어의 관례를 따라 빈 살만 혹은 빈 살만 왕세자라고 부를 것이다.

젊은 시절의 빈 살만

무함마드 빈 살만은 1985년 8월 31일 살만 빈 압둘아지즈(Salman bin Abdulaziz Al Saud) 왕자와 그의 세 번째 배우자 팔라 알 히틀란(Fahda bint Falah Al Hithlain) 사이에서 태어났다.

그는 어머니의 6명의 자녀 중 장남으로 아버지의 8번째 자녀이자 7번째 아들이다. 그의 형제자매로는 투르키 왕자와 칼리드 왕자가 있다.

빈 살만은 이후 킹사우드대학에서 법학 학사 학위를 받았다. 대학을 졸업한 후, 빈 살만은 아버지의 개인 보좌관이 되기 전까지 몇 년 동안 민간 부문에서 지냈다. 그는 전문가 위원회에서 자문위원으로 일했고, 사우디 내각에서 일했다.

이후 그는 다양한 직책을 맡으며 점차 권력을 강화했

다. 2009년에는 아버지, 리야드 주지사의 특별 고문이 되었다. 나아가 리야드 경쟁력 위원회 위원장, 킹 압둘아지즈 연구 보존 재단 이사장, 특별 고문 등 다양한 직책을 맡았다. 이는 그가 아버지의 도움을 받아 사우디아라비아의 젊은이들 사이에서 인기를 얻을 수 있었던 이유 중 하나다.

하지만 그렇다고 빈 살만이 바로 권력을 잡은 것은 아니였다. 이때만 해도 수천 명에 달하는 사우디 왕족 중 1명에 불과할 뿐이었다. 그러나 2011년 10월, 왕세제였던 술탄 빈 압둘아지즈 왕자가 건강 악화로 사망한 후, 사우디 왕가의 형제왕위세습 원칙에 따라 살만 빈 압둘아지즈 왕자가 새로운 왕세제로 선출되면서 그의 지위는 크게 바뀐다.

2015년이 되자 빈 살만의 아버지 살만 국왕이 무려 80세의 나이에 사우디의 왕위에 오르면서 그와 동시에 빈 살만의 지위와 위상도 급상승했다. 아들 빈 살만은 국방부 장관 겸 경제개발위원회 의장이라는 요직에 올랐다. 서서히 그의 시대가 열린 것이다.

얼마 지나지 않아 그의 능력을 시험하는 여러 사건이 터지게 된다. 예멘 내전 사태 군사 개입으로 인한 국제사회의 비난, 미국의 셰일혁명으로 인한 국제 유가 하락 사태 등이 벌어졌고, 이는 곧 사우디 사상 최악의 경제난이라는 위기로 이어졌다.

빈 살만은 위기 극복을 위하여 약 1조 원 이상의 비용을 들여 미국 컨설팅 회사인 맥킨지에 자문을 의뢰했고, 2016년에 장기 국가개발 핵심프로젝트인 '비전 2030'을 발표한다. 여기서 빈 살만이 제시한 궁극적인 목표는 "석유 의존 없이 사우디를 강국으로 만들겠다"였다.

빈 살만은 사우디 경제의 석유 의존도 탈피를 위하여 보건-의료-금융-에너지 등 여러 분야에서 외국인 직접투자와 중소기업의 투자 비용을 늘리고자 했다. 또한 관광과 신재생 에너지 등 신산업 육성에 공을 들였다. 여성의 경제 활동 참여를 독려하며 고용 창출을 통한 실업률 감소를 추진했다. 초기에는 반신반의하던 사우디 국민들도 빈 살만의 정책이 효과를 거두는 모습을 보면서 그의 정책을 지지하기 시작했고 이는 그가 권력을 잡는 데 큰 도움이 됐다.

결국 2017년 6월 살만 국왕은 나예프 왕자를 왕세자에서 해임하고 친아들인 무함마드 빈 살만을 왕세자로 임명하는 칙령을 발표했다. 그동안 빈 살만의 할아버지, 사우디아라비아의 초대 국왕인 이븐 사우드의 아들들이 교대로 왕위를 계승해 온 전통이 건국 후 65년 만에 깨진 것이다.

이 결정으로 인해 왕위 계승의 세대교체와 함께 사우디에서 처음으로 부자간의 왕위 상속을 확정 지었다. 당시 사우디에서 열렬한 지지를 받으면서 대중에게 인기도 좋았고, 국방부 장관까지 역임하며 군권을 장악한 빈 살만에게 감히 반기를 들 수 있는 사람은 없었다.

차가움과 따뜻함의 공존

높아진 인기와 위상을 바탕으로 무슬림 왕국의 전통인 '바이아'* 관행에 따라 맥도날드, 버거킹, 도미노피자 등이 프랜차이즈 기업들이 광고를 통하여 빈 살만에게 충성 맹세를 선언하며 화제가 되기도 했다.

왕세자가 된 빈 살만은 여성의 운전 허용과 복장규제 완화 등, 국민들과 젊은 세대에게는 온건하고 개방적인

---

* 이슬람 왕국에서 통치자에 대한 충성을 공식적으로 맹세하는 관행을 의미한다. 일반적으로 새로운 군주가 즉위할 때나 지도자가 중요한 결정을 내릴 때 이뤄지며, 종교적·정치적 정당성을 부여하는 역할을 한다.

이미지로 어필했다. 외국 가수의 콘서트, 자동차 경주 등을 승인하고, 엄숙하고 보수적인 종교적 율법 탓에 금지해오던 대중문화를 살려 젊은이들의 일자리 창출을 늘리는 등 경제 활성화를 도모했다.

반면 그는 자신의 왕위 계승이나 정통성에 도전하는 이들은 정적으로 간주하여 가차 없는 숙청을 단행하는 상반된 면모를 보였다.

2017년 빈 살만은 대숙청을 기획한다. 무려 500여 명에 달하는 정재계 고위 인사들을 체포해 리야드의 고급 호텔에 감금해버린 것이다. 관련자들의 2,000여 개가 넘는 은행 계좌를 동결했고 혹시나 개인용 제트기로 도망칠까 봐 공군을 동원하기까지 했다. 왕자 11명이 한꺼번에 줄줄이 잡혀 들어왔고 4명에 달하는 장관들이 체포당했다. 이때 압수한 왕족들의 재산은 전부 국고에 귀속시켰다.

빈 살만을 공공연하게 비판했던 투르키 빈 반다르, 술탄 빈 투르키 등의 사우디 왕족들은 잇달아 해외에서 체포되어 강제 송환됐고 이후로 지금까지 행방이 묘연하다. 또한 온라인과 SNS를 통하여 친정부 성향의 댓글을 다는가 하면, 반체제 인사에 대해서는 악성댓글을 달거나 협박을 일삼는다는 의혹을 받고 있다.

서방의 외신들은 빈 살만이 개혁군주라는 이미지메이킹 뒤로 온갖 정치공작과 정적에 대한 탄압, 여론 왜곡을 일삼으며 '검은 권력'을 휘두르고 있다는 의혹을 제기하고 있지만, 빈 살만은 이렇게 꾸준히 대립하는 세력들을 제거하며 사우디의 모든 권력을 집중화하는 데 성공했다.

2022년 9월 살만 국왕이 총리직을 빈 살만 왕세자에게 양도했다. 사우디에서는 전통적으로 국왕이 총리직을 겸임하기에, 이러한 점을 감안하면 빈 살만의 권력이 국왕에 준하거나 비슷할 정도로 거대하다는 것을 시사한다. 드디어 빈 살만의 시대가 열린 것이다.

빈 살만의 대표적인 개혁 사례

사우디 국왕 취임 이후 빈 살만이 단행했던 대표적인 개혁들은 다음과 같다

여성의 권리 확대

빈 살만은 2017년 이후 여성의 사회 참여를 적극적으로 촉진했다. 2018년 6월에는 여성의 운전을 허용하며,

사우디 여성이 능동적인 사회 구성원으로서의 역할을 수행하도록 독려하는 법적 장애를 제거했다. 또한 여성이 공공장소에서 음악 공연을 즐기고, 스포츠 행사에 참여하며, 여성이 호스트가 되어 사업을 시작할 수 있게 하는 등의 개혁도 이뤄졌다.

사회적 열린 문화 추구

사우디는 전통적으로 보수적인 사회였지만, 빈 살만 왕세자의 지도 아래 이는 점차 변화하고 있다. 2018년부터 그는 여러 문화적 행사와 공연을 허용하고, 외국의 영화와 음악을 사우디아라비아로 끌어들이는 것을 촉진했다. 이로 인해, 사우디는 점차 다양한 문화적 표현을 허용하고 있다.

비전 2030 계획

2016년, 빈 살만 왕세자는 사우디의 경제를 다양화하고, 기존의 석유 중심 경제에서 벗어나 미래 지향적인 경제로 전환하는 '비전 2030'을 발표했다. 이 계획은 사우디의 사회적, 경제적 전반에 걸친 대폭적인 변화를 목표로 하며, 그는 사우디를 더 열린 사회로 만들고, 더 다양한 경제 기회를 창출하며, 더 나은 삶을 위해 노력하겠다고 명확히 밝혔다.

종교적 개혁

빈 살만 왕세자는 사우디의 극단적인 와하비즘*에 대한 개혁을 추진했다. 그는 보다 온화한 이슬람을 추구하며, 종교적인 개혁을 통해 사우디의 국제 이미지를 개선하려고 노력했다. 이러한 변화는 사우디의 종교적 태도에 대한 국제사회의 비판을 완화하는 데 일정 부분 기여했다.

수십 년에 걸쳐 생활 곳곳에 스며든 엄격한 종교 관습이 하루아침에 달라질 수는 없으나 시대변화의 불가피성을 인식하고 있는 사우디인들의 지지 속에 빈 살만 왕세자의 또 다른 종교개혁 작업이 가속화될 전망이다.

국익 우선의 외교 정책

2020년도에 들어서 빈 살만은 사우디아라비아가 수

---

* 이슬람의 보수적이고 엄격한 해석을 따르는 종교 운동이다. 꾸란과 하디스를 문자 그대로 해석하며, 이슬람의 순수성을 강조하는 것이 특징이다. 사우디의 공식적인 종교 이념으로 자리 잡았으며, 오랜 기간 국가 통치와 긴밀하게 연결되었다.

십 년에 걸쳐서 해온 친미 외교 노선에서 벗어나 탈미국, 독자 행보를 하고 있다. 핵심은 탈미국을 한다고 하지만 반미를 하는 것은 아니라는 점이다. 또한 기존의 명분 위주에서 벗어나 실리외교를 펼치고 있다.

2022년에 러시아의 우크라이나 침공에 대한 간접적인 우크라이나 지원을 선언하면서도, 빈 살만 왕세자는 러시아에 대한 경제 제재를 거부했다. 서방 국가들이 러시아 원유 수입에 대한 제재를 시행함에 따라 원유 가격은 급등했고, 이는 불가피하게 사우디 같은 산유 국가들의 이익을 증대시켰다.

이에 원유 가격의 안정화를 위해 미국과 유럽연합이 원유 증산을 요구하였지만, 빈 살만 왕세자는 원유 가격이 상승함에 따라 산유 국가의 이익이 늘어나고 있어 증산 계획을 거부했다. 이러한 행동은 사우디의 주권과 경제적 이익을 강력하게 지키는 빈 살만 왕세자의 일관된 태도를 보여준다.

원유 가격 상승에 대응해 당시 조 바이든 미국 대통령은 사우디를 방문하여 빈 살만 왕세자와 회담을 가지고, 이후 그에게 증산 약속을 받았다고 발표했다. 그러나 빈 살만은 증산 계획이 없다고 명확히 반박했다. 이런 관계는 그 이후 트럼프 대통령까지 이어져 현재도 사우디와 미국은 가까우면서도 불편한 관계를 유지하고 있다.

차라리 빈 살만이 카다피*처럼 전통적인 반미노선을 취했다면 미국으로서도 상대하는 게 훨씬 편했을 것이다. 그러나 빈 살만은 미국에게 줄 것은 확실하게 내주면서 사우디가 필요하다면 미국에 손해를 끼치더라도 확실하게 챙기는 행보를 보이고 있다.

이를 잘 보여주는 게 사우디에서 미국 기업을 위해 46조 원 규모의 미국산 항공기를 주문한 것과 미국의 반대에도 불구하고 석유 감산으로 유가 하락을 막아 수익을 늘리고 네옴 프로젝트의 안정적 진행을 위해 이란과 시리아와의 관계 정상화를 추구한 것이다. 또한 이스라엘과의 관계 정상화를 대가로 우라늄 농축 기술과 핵연료 기술 등 민간 핵 계획 지원과 미국산 무기 구입 시 제한 완화를 포함한 강력한 안전보장 조치를 미국 측에 요구했다.

---

* 1969년부터 2011년까지 리비아를 통치한 지도자로, 강경한 반미·반서방 노선을 유지하며 아랍 사회주의와 범아랍주의를 추구했다. 서방과의 대립으로 국제 제재를 받았으며, 2011년 아랍의 봄 당시 반정부 시위와 나토(NATO)의 개입으로 정권이 붕괴되고, 결국 민중 봉기 속에서 사망했다.

전통적으로 오랜 적인 이란과의 관계도 빈 살만이 취임하고 나서 달라졌다. 2018년 3월 당시 이란이 핵무기 개발에 착수하자, 그는 미국의 한 방송에 출연하여 "이란이 핵무기 개발에 성공한다면 사우디도 핵개발을 할 것"이라는 엄포를 놓았다.

반면 2023년에는 방침을 180도 바꾸어서 이란과 복교를 했다. 이는 사우디가 매년 시아파 후티 반군*과 대결하는 예멘 내전에 수십억 달러의 전비를 계속 내는 것이 부담됐고, 이란 또한 경제난으로 비슷한 입장이라 서로 이해가 맞아떨어져 합의를 한 것이라는 분석이다. 이후 2024년 팔레스타인-이스라엘 전쟁으로 인해 이와 같은 평화무드는 잠시 깨졌지만 여전히 장기적으로는 관계 개선을 향해 나아가는 중이다.

한편, 2022년 기준으로 빈 살만 왕세자의 개인 재산은 2조 달러, 즉 한화로 약 2,890조 원이라 알려져 있다. 언론마다 재산 규모에 대한 보고가 다르지만, 그는 일반적으로 '비공식 세계 최고 갑부'로 인식된다.

---

* 예멘 시아파 소수민족 후티족 출신의 무장조직.

중동 IT산업을 이해하는
네 가지 키워드

중동은 오래전부터 석유의 나라로 알려져 왔다. 나라의 부는 대부분 석유로 번 돈에 집중되었고, 중동 국가들은 석유로 막대한 부를 축적했다. 특히 사우디아라비아, 아랍에미리트, 쿠웨이트, 바레인, 카타르 등은 많은 중동 국가 중에서도 부유한 국가들이 되었다. 이들은 나중에 이란에 대항하는 '걸프연합(GCC)'을 결성하게 된다.

50년이 지난 지금, 제2의 중동 붐이 일고 있다. 반세기 동안 중동의 이미지는 크게 변했다. 카타르에서 개최된 2022 카타르 월드컵은 약 2,200억 달러라는 사상 최대 투자 금액을 기록하며 중동의 존재감을 전 세계에 과시했다.

앞서 말했듯 중동 국가들은 최근 에너지 시장의 변화로 '석유 없는 미래'를 준비하고 있다. 미국에서는 중동산 석유를 대체할 셰일 가스가 발견됐고, 그 점유율이 점차 높아지고 있다. 여기에 친환경 에너지 사용이 늘어나면서 중동산 석유의 영향력은 갈수록 감소하고 있다.

중동 국가들은 석유 수출에 의존하던 산업 구조에서 벗어나기 위해 정보기술(IT) 산업에 주목하고 있다. 중동이 IT의 중요한 시장으로 떠오르며, 이는 우리에게도 새로운 기회를 제공하고 있다.

왜 중동 국가들은 IT 산업을 육성하고자 하며, 우리에게는 어떤 기회가 있을까? 이를 위해 중동 IT 시장을 이해하기 위한 네 가지 키워드를 제시한다.

1 국가의 과감한 결정

중동 국가들은 디지털 정부 시스템 구축 및 관련 IT 인프라 개발을 위한 국가 차원의 투자를 확대하고 있다. 미국 조사업체 IDC에 따르면, 2024년 중동 및 아프리카(MEA)의 IT 지출은 1,200억 달러로 예상되며, 이는 2023년 대비 4% 증가한 수치다.

MEA 지역의 IT 지출 성장은 지속적인 디지털 전환, 경쟁력 향상을 위한 혁신, 가상화 및 클라우드 컴퓨팅, 5G 및 초고속 인터넷 인프라, 그리고 사이버 보안에 대한 투자의 결과로 분석된다. 각 국가 차원에서 교육, 물류, 헬스케어, 공공 영역 등 다양한 분야에서 디지털 전환을 추진하고 있어 중동의 IT 분야는 지속적으로 성장할 것으로 예상된다.

또한, 중동 국가들은 매년 IT 관련 국제 전시회 및 포럼을 개최하고 있다. 대표적으로 아랍에미리트(GITEX), 사우디(LEAP, BIBAN), 이집트(Cairo ICT), 튀르키예(Mobile Fest)가 유명하다.

여기에 중동 국가들은 리더가 큰 방향을 제시하면 실무자들이 구체적인 계획을 수립해 추진하는 '탑다운(Top-Down)' 방식으로 빠르게 움직인다. 이러한 속도는 민주주의적 절차가 중요한 시대에서도 경쟁력을 유지하는 요인이 되고 있다. 현재 두바이는 조종사 없이 자율운행하는 무인 항공택시를 상용화하려는 실험을 성공적으로 진행 중이다. 2030년까지 대중교통의 4분의 1을 자율주행 방식으로 교체할 계획이다.

2 젊은 나라들

중동 국가들의 평균 연령은 25세 이하로, 세계에서 가장 젊은 인구를 보유하고 있다. 젊은 인구는 신기술 수용성이 높아 IT 산업의 발전에 긍정적인 영향을 미친다. UAE에서는 이미 몇 년 전부터 애플페이가 도입되어 사용되고 있으며, 다양한 IT 기술이 규제 없이 적극 활용되고 있다.

중동의 젊은 인구는 IT 산업의 성장 동력이다. 아랍에미리트 전체 인구의 90%가 유튜브를, 85%가 페이스북을 사용하고 있다. 사우디에서도 소셜미디어 플랫폼 사용률이 매우 높다.

3 급격한 산업 변화

지난 2020년 코로나19 팬데믹 상황 속에서도 중동의 IT 관련 산업은 꾸준히 성장했다. 이와 같은 움직임은 사회 전반의 디지털 전환을 가속화했다. 최근 중동에서는 금융 분야의 디지털 전환이 활발하게 진행되고 있다.

모바일 지갑, 선구매 후불 결제(BNPL) 등 디지털 결제 방식이 빠르게 확산되었고, 중동의 핀테크 기업 수는 1,000개 이상으로 늘어났다. 또한 교육, 물류, 헬스케어 등 다양한 분야에서도 디지털 전환이 추진되고 있다. 클라우드 인프라에 대한 투자도 진행 중이며, 중동의 퍼블릭 클라우드 시장은 2027년까지 연평균 21% 성장할 것으로 예상된다.

특히 AI(인공지능) 분야에서 중동의 행보는 주목할 만하다. UAE는 2027년 아부다비에 AI로 운영되는 스마트시티 조성 계획을 발표했으며, 오픈AI와 손잡고 중동 최대 규모의 AI 데이터센터를 건립하기로 공식 계약을 체결했다. UAE 교육부는 유치원생부터 고등학생까지 포괄하는 새로운 AI 교육 과정을 발표하기도 했다.

가상자산과 블록체인 분야에서도 중동은 선구적 역할을 하고 있다. UAE는 세계 최초로 가상자산 전담 규제 기관인 VARA(Virtual Assets Regulatory Authority)를 설립하고 정식 라이선스를 발급하고 있다. 이를 통해 암호화폐 거래소, NFT 플랫폼, Web3 프로젝트, 국경 간 결제 시스템 등 다양한 블록체인 기반 서비스가 정식 금융 비즈니스로 인정받는 제도적 기반을 마련했다는 평가를 받고 있다.

이와 함께 게임 산업도 중동의 주요 전략산업으로 부

상하고 있다. 사우디 빈 살만 왕세자는 닌텐도, EA, 액티비전 블리자드 등 글로벌 게임사 지분 인수에 적극 나서고 있으며, 메타버스와 대체불가능토큰(NFT) 등 신사업 영역을 확장하고 있다. 2030년까지 250개 게임사를 유치하고 54조 원을 투자해 사우디를 '게임 왕국'으로 만들겠다는 야심찬 계획이다.

4 이슬람 문화의 특수성

중동 IT 산업 발전에는 이슬람 문화가 중요한 역할을 하고 있다. 이슬람 문화가 반영된 IT 콘텐츠는 중동 인구 전체에 큰 잠재력을 가지고 있다. 이슬람 관련 애플리케이션, 웹사이트, 서비스의 수요가 증가하고 있으며, 이슬람 금융과 관련된 기술 개발도 활발하게 이뤄지고 있다.

반면 부정적 요소도 있다. 이슬람 국가에서는 종교, 정치와 관련된 검열이나 규제로 인해 IT 산업의 혁신이 제한될 수 있다. 또한 일부 중동 국가에서는 여성의 IT 분야 진출이 제한되어 인력 확보에 어려움을 겪고 있다. 예컨대 이란의 경우 여성의 고등 교육 진학률은 높지만, IT 직종으로의 실제 취업 기회는 제한적인 상황이다. 정부의 보수적인 정책과 사회적 관습이 여성의 경제적 활동에 제약을 가하는 요소로 작용하고 있기 때문이다.

중동의 IT 산업이 발전하는 이 시점에서 대한민국도 제2의 중동 붐을 맞아 의미 있는 기회를 만들어가길 바란다.

석유 왕국이 변하고 있다

'친환경 에너지'. 언젠가부터 귀가 따갑게 듣고 있는 단어다. 기후 위기로 골머리를 앓고 있는 세계 각국은 수소에 집중하며 다양한 정책을 추진하고 있다. 글로벌 탄소중립 시대에 대비하기 위해 중동 국가들 또한 기존 석유 에너지 의존에서 벗어나기 위해 많은 노력 중이다.

그중에서도 대표적인 산유국인 사우디는 수소 생산기술 개발에 집중하고 있다. 자국 내 풍부한 태양광 및 풍력 자원과 석유화학 산업 부산물로 발생하는 부생수소를 결합해 수소 공급망의 중심축을 담당하겠다는 포부를 드러내고 있다.

최근 압둘아지즈 빈 살만 사우디 에너지 장관은 "글로

벌 수소 수출국 지위를 목표하고 있다"고 선언했으며, 세계 최대 원유회사인 사우디 아람코 역시 실적 발표에서 "2030년까지 탄소 포집을 이용한 친환경 수소 200만 톤 생산을 목표로 하겠다"고 말했다.

사우디는 수소 생산에 적합한 나라인가

수소에너지는 그 생성 방식에 따라 그레이, 블루, 그린 수소로 분류되며 각각의 생산 방식은 간단히 다음과 같다.

그레이수소: 화석연료로부터 수소를 생산
블루수소: 그레이수소와 같은 방식으로 생산되지만 생산 과정 중 발생하는 이산화탄소를 저장하는 기술을 통해 배출을 최소화
그린수소: 물의 전기분해를 통해 얻어지는 수소로, 태양광 또는 풍력 같은 재생에너지를 통해 얻은 전기를 물에 가해 생산하며, 가장 친환경적

산유국의 대표인 사우디는 재미있게도 세 가지 방식

모두 다 높은 경쟁력을 갖고 있다는 평가를 받고 있다.

화석연료로부터 수소를 생산하는 그레이수소 방식은 산유국인 사우디에게 있어 가장 쉬운 방식이다. 블루수소 생산 역시 지난 2020년 사우디 아람코가 세계 최초로 블루 암모니아 40톤을 일본으로 성공적으로 수송하는 데 성공한 바 있다. 향후 2030년까지 193만 톤의 블루수소를 통해 1,100만 톤의 블루 암모니아를 생산하겠다는 방침이다.

또한 사우디는 재생에너지를 사용한 그린수소 생산에 있어서도 경제적으로 매우 유리한 위치다. 국토의 대부분이 평지 사막인 관계로 태양광 에너지 및 풍력 에너지를 활용할 수 있는 최적의 조건을 갖추고 있기 때문이다. 국제재생에너지기구(IRENA)에 따르면 2050년 사우디의 수소 1kg 생산에 필요한 금액은 약 1.7달러 정도로, 한국(약 4.1달러)이나 일본(약 3.4달러)보다 현저히 낮다.

사우디의 수소 공급망 전략

새로운 에너지원의 확보만큼이나 중요한 것은 이를 효율적으로 유통시킬 수 있는 네트워크의 구축일 것이다.

최근 사우디는 이를 위해 대규모 프로젝트들을 본격화하고 있다. 대표적인 것이 네옴 지역에서 진행 중인 그린 수소 프로젝트로 태양광과 풍력을 결합한 4GW 규모의 재생에너지와 대형 전해조 설비를 통해 생산된 수소를 암모니아 형태로 수출하는 계획이다.

이와 함께 사우디 국영 석유기업인 아람코(Aramco)는 블루 수소와 저탄소 암모니아 생산에도 투자하며, 탄소 포집·저장(CCS) 기술을 도입하고 있다. 수송망 측면에서는 유럽을 향한 수소 수출 회랑(corridor) 구상이 활발히 논의되고 있으며, 대규모 파이프라인은 아직 타당성 조사와 협약 단계에 머물러 있다. 따라서 현재는 해상 운송, 특히 암모니아 형태의 수출이 주된 방식으로 추진되고 있다.

우리나라에게 기회는 있을까

이러한 사우디의 움직임에 우리나라는 어떻게 대처해야 할까. 사실 석유 한 방울 나지 않고 날씨와 산지 지형으로 수소 생산에도 불리한 한국은 안정적인 수소공급망 참여와 수소 기술개발이 매우 중요한 나라다. 사우디 역시 한국이 좋은 수소 공급망 파트너가 될 수 있을지 다른 나라들과 저울질하면서 바쁘게 머리를 굴리는 중이다.

한국은 사우디에 관심을 보이면서 오래전부터 다양한 협력을 모색하는 중이다. 2019년 빈 살만 왕세자의 방한 당시 수소 생산과 공급체인의 모든 단계에서 협력을 강화한다는 논의를 한 뒤 그 후 정권과 상관없이 현재까지 수소 에너지 협력을 강화하기 위한 노력을 하는 상황이다.

사실 아직까지 사우디의 글로벌 수소 공급 체인은 비교적 초보적인 단계다. 세계은행 무역통계(WITS)에 따르면 사우디는 2021년 800만 달러 상당의 수소를 수출하여 세계 수출국 순위에서 불과 51위를 기록했다. 하지만 사우디는 이에 개의치 않고 미래를 보고 장기적으로 꾸준히 투자한다는 계획이다.

여기에 우리나라의 기회가 있다고 본다. 사우디와 같이 잠재성이 큰 나라가 아직 수소에너지 생산 초보 단계일 때, 한국은 더욱더 손을 내밀고 협력을 지속해야만 한다. 이미 수소 생산 선도국가로 올라선 뒤에는 소용이 없을 것이다. 양국이 긴밀한 협력 관계로 끈끈한 커넥션을 만들어 향후 글로벌 수소 공급 체인을 선도하고 수소 에너지 시장을 선점해야 할 것이다.

중동에 진출하고자 하는 한국 기업을 위해

수소 에너지를 비롯한 다양한 분야에서 중동과의 협력 가능성이 확대되면서 한국 기업에게는 실질적인 진출 전략이 필요하다. 특히 UAE와 사우디를 중심으로 한 중동 시장은 높은 구매력과 빠른 성장세, 그리고 아시아·아프리카·유럽을 잇는 지정학적 허브로서의 가치를 지니고 있다.

중동의 블루오션

UAE는 전체 인구의 85% 이상이 외국인으로 구성된 대표적인 다문화 사회다. 특히 두바이에는 전 세계에서 모여든 다양한 국적의 청년과 가족들이 밀집해 있어, 언어·IT·유아 교육 등 실용 교육 콘텐츠에 대한 수요가 지속적으로 증가하고 있다.

　UAE 정부에 따르면 교육(Edu)과 기술(Tech)을 결합한 '에듀테크' 시장은 2024년부터 2030년까지 연평균 6%의 성장률을 기록할 것으로 예상된다. 특히 증강현실(AR) 기반 학습 콘텐츠, AI 튜터 시스템 등이 시장에서 빠르게 반응을 얻고 있다. UAE 교육부는 최근 유치원생부터 고등학생까지 포괄하는 새로운 AI 교육 과정을 발표하기도 했다.

　진출을 위해서는 단순 강의 파견이 아닌, 브랜드화된 교육 패키지 형태로 접근하는 것이 효과적이다. AR 기반 영어-아랍어 병행 학습 앱, 태블릿 기반 인터랙티브 콘텐츠(interactive content), 현지 유치원 교사 대상 연수 프로그램, 가정 연계 학습 관리를 위한 학부모 앱까지 원스톱으로 제공하는 통합 솔루션이 현지에서 호응을 얻고 있다.

　교육 콘텐츠뿐만 아니라 영상, 음악 같은 디지털 콘텐츠에서의 가능성도 무궁무진하다. 중동·북아프리카(MENA)의 디지털 콘텐츠 시장 규모는 2024년 기준 45억 달러로 전 세계 시장의 3%에 불과하다. 인구 4억 5천만 명 규모를 고려할 때 상당한 성장 잠재력을 보여준다. 한류 콘텐츠가 전 세계적으로 인기를 끌고 있지만, 중동 지역은 미개척 시장이다. 하지만 2024년 KOFICE 조사에 따르면 한국을 문화 강국으로 인식한 상위 3개국은 아랍에미리트(73.1%), 사우디아라비아(72.6%), 이집트(70.8%)였다. 중동이 한류의 핵심 거점으로 부상할 가능성은 충분하다.

현재 아랍 지역의 콘텐츠 생태계는 기반이 취약하다. 중동 지역은 MCN(Multi Channel Networks) 사업자나 크리에이터 양성 시스템이 본격적으로 구축되지 않은 상태로, 한국 기업들에게는 기회가 된다. 아랍어 자막 기반 숏폼 콘텐츠 제작, 한국식 예능 포맷의 현지 적용, 유튜브 인플루언서 교육 프로그램 등은 한국 기업들이 주도권을 잡을 수 있는 분야다.

한편, 한류 바람을 타고 K-뷰티는 중동에서 폭발적인 성장을 보이고 있다. 2024년 기준 한국 화장품의 중동 주요 5개국 수출액은 전년 대비 76% 늘어난 3억 2천만 달러를 기록했다. 한국은 UAE 스킨케어 시장의 4대 수입국으로 자리매김했다.

하지만 중동 진출에는 주의해야 할 점들이 많다. 두바이 보건청(DHA)과 식약청(MOHAP) 등록이 필요하고, 제품 성분 분석, 라벨 표기 규정, 샘플 검사 등의 절차가 매우 까다롭다. 특히 이슬람 국가이기에 할랄 기준에도 매우 민감하다. 돼지고기 유래 성분이나 알코올이 조금이라도 들어가면 판매가 불가능하며, 화장품에 들어가는 미세한 성분까지도 꼼꼼한 검토 대상이 된다.

끝으로 UAE는 산유국임에도 불구하고 '탈석유 시대'를 준비하며 친환경 분야에서 새로운 비즈니스 기회를 창출하고 있다. 2023년 두바이에서 개최된 제28차 유엔기후변화협약당사국총회(COP28) 기후총회를 계기로 탄소중립, 자원순환, 지속가능성 관련 정책과 예산이 급증했다.

UAE는 2050년까지 탄소 순배출 제로 달성을 목표로 설정하고, 2030년까지 청정에너지 비중을 50%로 확대하겠다는 구체적인 로드맵을 제시했다. 한국 중소기업들은 고기술력 소재와 소형 에너지 장비 분야에서 높은 경쟁력을 보인다. 생분해성 플라스틱, 친환경 건축 자재, 공기정화 필터 등 고기술력 소재 분야와 소형 태양광 패널, 스마트 관개 시스템, 에너지 관리 시스템 등이 대표적이다.

진출 시 주의사항과 성공 전략

UAE의 규제 환경은 매우 복잡하다. 같은 업종이라도 자유무역지대(프리존, free zone)마다 요구사항이 다르고, 정부 부처별로 해석이 달라지는 경우도 빈번하다. 좋은 비즈니스 멘토와 파트너를 만나는 것이 중요한 이유이다. 최근 두바이에 지사를 세운 한 IT 스타트업 대표는 "현지 파트너 없이 혼자 라이선스 신청을 했다가 3개월을 헤맸는데, 같은 경험을 한 사업가를 통해 조언을 들은 뒤 2주 만에 해결됐다"라고 증언했다.

중동 진출 시 가장 큰 장벽은 까다로운 인증 절차다. 두바이에 현지법인을 설립한 국내 에너지 기업 관계자는 "UAE는 친환경 제품에 대해 매우 엄격한 품질 기준을 적용하고 있어 제품 인증만 1년이 넘게 걸렸다"라며 "신뢰관계 구축을 위해서는 최소 2~3년은 투자해야 한다는 마음가짐으로 접근해야 한다"라고 조언했다.

코트라(KOTRA) 분석에 따르면 한국기업의 중동 진출은 단순한 제품 수출보다 현지 조달 시장 및 정부 프로젝트와 연계한 합작투자(JV) 설립이나 기술협력 모델이 더 효과적인 것으로 나타났다. UAE 정부가 친환경 기술 기업에 세제 혜택과 정부 조달 시장에서의 우선권을 부여하고 있어, 현지 문화를 잘 이해함과 동시에 장기적 안목으로 접근하는 것이 중요하다.

성공적인 진출을 위한 실전 노하우

현지에서 개최되는 업계 전시회 및 컨퍼런스는 파트너 발굴의 보고다. 특히 해마다 UAE 두바이와 아부다비에서 개최되는 자이텍스(GITEX), 아랍헬스(Arab Health), 걸프푸드(Gulfood) 등 산업별 대형 전시회에는 현지 업체들이 대거 참가한다. 사전에 참가업체 리스트를 입수해 타깃을 선정하고, 명함 교환으로 끝내지 말고 후속 미팅 일정을 확정하는 것이 효과적이다.

또한 UAE에는 코트라, 농수산식품유통공사, 보건산업진흥원, 정보통신산업진흥원, 중소벤처기업진흥공단, 콘텐츠진흥원 등 많은 섹터의 공공기관이 입주해 있다. 관련 업종이라면 이들 기관의 문을 두드려 보는 것도 좋은 방법이다.

두바이가 '부자들만의 무대'는 아니다. 정보와 전략만 갖추고 있다면 누구에게나 중동 진출의 기회를 열어주는 시장이다. 하지만 그 기회를 온전히 내 것으로 만들기 위해서는 첫 단추부터 신중하게 끼워야 한다. 70년대 중동 건설업 붐이 한국을 발전시켜줬듯이, 지금의 중동 역시 한국 기업들의 새로운 도전을 기다리고 있다.

이스라엘과 이란 관계는 왜 이럴까

이스라엘과 이란의 충돌로 중동 정세가 갈수록 복잡해지고 있다. 2023년 10월 7일 하마스의 기습 공격으로 시작된 이스라엘-하마스 전쟁은 가자지구를 초토화시켰다. 15개월간 지속된 전쟁으로 4만 6,500명이 넘는 팔레스타인인이 사망했고 가자지구는 인도주의적 재앙에 빠졌다.

전쟁의 여파는 처참했다. 가자지구의 실업률은 90% 이상으로 치솟았고, 경제 생산량은 85% 감소했다. 주민 대다수가 극심한 빈곤에 시달리며 기본적인 생필품조차 구하기 어려운 상황이다. UN은 인도적 지원이 시급하다고 거듭 강조했지만, 이스라엘의 봉쇄로 구호 활동도 제약을 받고 있다.

2025년 1월 마침내 이스라엘과 하마스 간 휴전 협정이 합의됐다. 이 협정은 3단계로 구성되어 6주간의 휴전, 인질 교환, 영구적 휴전과 이스라엘의 가자지구 철수, 그리고 3~5년에 걸친 재건 과정을 담고 있다.

그러나 휴전은 불안정했다. 1월 15일 휴전 발표 당일에도 이스라엘은 팔레스타인인 62명을 살해했고, 네타냐후 정부의 극우 장관들은 휴전안에 반대하며 사임을 협박했다. 팔레스타인인들은 "과연 이스라엘이 휴전의 모든 단계를 준수할지 우려하고 있다"며 불신을 표했다.

이란으로 번진 불씨

한편, 이스라엘과 이란의 대립은 팔레스타인 문제와 맞물려 더욱 복잡해졌다. 2024년 4월 이스라엘이 시리아 주재 이란 영사관을 공습하여 이란 혁명수비대 지휘부가 사망한 사건은 양국 간 직접 충돌의 서막이었다. 이란은 팔레스타인 무장 세력의 주요 후원국으로, 하마스와 이슬람 지하드에 무기와 자금을 지원해왔다.

2025년 6월 13일 새벽 4시 이스라엘이 '일어나는 사자(Operation Rising Lion)' 작전으로 이란의 핵·군사시설을 대대적으로 공격했다. 이스라엘은 이란이 핵무기를 개발하고 하마스, 헤즈볼라*와 공조해 동시다발적 공격을 준비했다고 주장했다. 이 공습으로 이란 혁명수비대 총사령관 호세인 살라미, 총참모장 모하마드 바게리 등 이란 군 수뇌부가 대거 사망하고 나탄즈 핵시설 등 주요 시설들이 심각한 피해를 입었다.

이란은 즉각 보복에 나섰다. 100여 기의 드론과 150여 발의 탄도 미사일을 동원해 텔아비브, 하이파, 예루살렘 등을 공격했고, 텔아비브 시내에 여러 발의 미사일이 착탄해 건물들이 붕괴되는 등 심각한 피해가 발생했다. 이스라엘에서는 최소 280명의 사상자가 발생했다.

상황이 악화되자 미국도 직접 개입했다. 6월 22일 미국은 이란의 포르도, 나탄즈, 이스파한 핵시설을 폭격하고 도널드 트럼프 대통령은 이란의 핵 프로그램을 완전히 제거했다고 주장했다.

이스라엘과 이란의 충돌 속에서 팔레스타인 문제는 국제사회의 관심에서 멀어지고 있다. 가자지구는 여전히 봉쇄 상태이고, 재건은 요원하다. 이스라엘은 이란과의 전

---

*   1982년 이스라엘의 레바논 침공 당시 결성된 시아파 이슬람 조직.

쟁을 명분으로 팔레스타인 강경 정책을 정당화하고 있으며, 네타냐후 총리는 하마스가 이란의 대리인이라며 팔레스타인과의 평화 협상보다 이란 위협 제거가 우선이라고 주장한다.

폭격 며칠 뒤인 6월 24일 트럼프 대통령이 발표한 이스라엘-이란 휴전도 곧바로 무너졌다. 중동은 여전히 폭발 직전의 화약고다. 팔레스타인인들은 점령과 봉쇄 속에서 신음하고, 이스라엘은 사방의 적들에 둘러싸여 있으며, 이란은 제재 속에서도 '저항의 축'을 포기하지 않는다. 생각보다 심각해 보이는 상황 속에서 중동 전체가 전쟁의 소용돌이에 휘말릴지 모른다는 우려가 커지고 있다.

이스라엘과 팔레스타인은 오랜 세월 대립해왔다. 하지만 이스라엘과 이란의 대립은 또 다른 차원의 이야기다. 이 두 국가는 왜 서로를 멸망시켜야 한다고 믿는 것일까?

이스라엘-팔레스타인 전쟁의 배경과 전개 과정

이스라엘과 이란의 관계를 짚기 위해서는 이스라엘과 팔레스타인의 갈등을 먼저 살펴봐야 한다. 이들의 갈등은 1948년 이스라엘 건국 이후 시작되었다. 이스라엘은 독립을 선언했지만, 팔레스타인과 아랍 국가들은 이를 인정하지 않고 이스라엘을 공격했다. 이후 1967년 6일 전쟁을 포함한 여러 차례의 전쟁과 분쟁 속에서 이스라엘은 가자지구와 서안지구를 점령하며, 팔레스타인인들의 저항과 분노를 촉발시켰다. 팔레스타인의 저항 단체인 하마스는 이스라엘에 대한 무력 투쟁을 지속하며 로켓 공격과 자살 폭탄 테러를 감행했다. 이에 이스라엘은 가자지구를 봉쇄하고 하마스 지도부를 제거하기 위한 군사 작전을 펼쳐왔다.

2023년 이스라엘-팔레스타인 전쟁은 하마스가 이스라엘 남부에 대규모 로켓 공격을 감행하면서 시작되었다. 이스라엘은 이에 대응해 가자지구를 공격하며 대규모 군사 작전을 전개했다. 이스라엘의 공습은 단순히 하마스에 그치지 않고, 이란과의 대리전 양상으로 확장되었다. 이란은 하마스를 지원하며 이스라엘과의 긴장을 고조시켰다.

이란과 이스라엘, 뿌리 깊은 반목

이란과 이스라엘은 지리적으로 멀리 떨어져 있어 직접적인 갈등이 없었다. 과거 팔레비 왕조 시절에는 오히려 협력 관계에 있었다. 그러나 1979년 이란 이슬람 혁명 이후 이란은 이스라엘을 반미 정책의 상징적 적으로 삼았고, 이스라엘은 이에 대응해 이란을 주적으로 여기기 시작했다. 이란에서 이스라엘은 그야말로 국민의 적으로 자리 잡았다. 필자가 알고 있는 이란 출신 친구들도 이스라엘을 가장 싫어하는 나라로 꼽았으며, 심지어 전통적으로 사이가 좋지 않은 수니파의 맹주 사우디보다도 이스라엘에 대한 감정이 더 나쁘다고 한다.

이란과 이스라엘의 갈등은 단순히 종교적 이유에서 비롯된 것일까? 꼭 그렇지만은 않다. 이란은 이스라엘을 '필요한 적'으로 삼고 있다. 이란은 반미 국가의 선봉장으로, 미국과 사이가 나쁜 것은 물론 중동 패권을 두고 사우디와도 대립하고 있다. 이란의 경제는 미국의 경제 제재로 인해 어려움을 겪고 있다. 국민들의 경제적 불만을 다른 곳으로 돌리기 위해서는 이스라엘과의 갈등을 부각하는 것이 유리하다. 이란은 팔레스타인의 하마스나 레바논의 헤즈볼라 등 다양한 무장 단체들을 지원하면서 이스라엘을 압박하고 있다. 이와 같은 정치적 계산 때문에 수니파와 시아파의 전통적인 갈등도 잠시 접어두고 있는 상태다.

이스라엘도 이란을 주요 적으로 보고 있다. 이스라엘은 자국 주변에서 끊임없이 발생하는 분쟁이 이란의 지원을 받고 있다고 보며, 이란의 위협을 제어하기 위한 군사작전을 펼치고 있다. 이스라엘은 지난 팔레스타인 전쟁을 계기로 이란과의 직접적인 충돌을 계획하기도 했다.

이란은 하마스와는 다르다

그러나 이란은 팔레스타인 하마스와는 다르다는 것이 전문가들의 중론이다. 이란은 대규모 정규군과 혁명수비대를 보유하고 있으며, 중동 지역의 강력한 군사력 중 하나로 평가받는다. 이란의 군사력은 병력 규모, 전술적 대응 능력, 그리고 실전 경험을 고려했을 때 중동에서 매우 강력한 수준에 속한다. 이란의 무기 체계는 미국의 최신 무기로 무장한 사우디보다도 우수하다는 평가를 받고 있다. 또 이번 이란의 이스라엘 보복 공격으로 인해, 이란의 미사일 기술이 생각보다 정교하고 세밀하다는 것이 증명됐다. 이란과 이스라엘 간 전쟁이 발발한다면, 물리적 거리 때문에 지상전보다는 공중 미사일전이 주된 전술이 될 가능성이 높다.

그뿐만 아니라, 만약 양국 간의 전쟁이 장기화된다면 결국 육군이 상대국 수도를 점령해야 전쟁이 끝난다. 이스라엘이 이란 영토에 직접 군대를 투입하는 것은 어려운 반면, 이란은 이스라엘과 국경을 맞대고 있는 시리아와 레바논의 헤즈볼라를 앞세워 이스라엘 영토 내에서 전쟁을 수행할 수 있다.

중동의 입장과 전선 확장 문제

이스라엘과 국경을 맞대고 있는 요르단, 팔레스타인, 이집트, 레바논, 시리아는 과거 중동 전쟁에서 이스라엘과 싸운 경험이 있다. 팔레스타인 하마스와 레바논의 헤즈볼라는 최근까지 이스라엘과 전쟁을 벌였다. 전선이 넓어지면 전쟁에서 패할 확률이 더욱 높아진다는 것은 역사에서 수없이 증명된 명제 중 하나다. 이란과 이스라엘의 충돌은 이스라엘의 동맹국이자 최대 후원국인 미국의 개입 여부와 핵무기 사용 가능성에 따라 더욱 복잡한 양상을 띨 수 있다.

실제로 이란이 이스라엘을 공격한 후 중동에서 수많은 항공편이 지연되거나 취소되었다. 필자 역시 공항에서

반나절 넘게 비행기 안에 갇혀 있어야 했다. 만약 이란과 이스라엘 간의 전면전이 벌어지게 되면 단순히 항공편의 지연을 넘어 세계적인 재앙을 초래할 수 있다. 이는 단순한 지역 분쟁이 아닌 21세기의 가장 위험한 전쟁으로 기록될 것이다.

아랍에미리트·사우디·카타르의 삼각 외교

중동의 산유국들을 한 덩어리로 보는 사람들이 많다. 하지만 가까이서 보면 이들의 외교 전략은 제각각이다. 특히 아랍에미리트(UAE), 사우디아라비아, 카타르 이 세 나라는 페르시아만을 공유하는 이웃이면서도 전혀 다른 길을 걷고 있다.

중동의 맹주를 꿈꾸는 사우디

먼저 사우디는 한반도의 9배가 넘는 영토와 세계 2위의 석유 매장량을 자랑한다. 이슬람 성지 메카와 메디나의 수호자라는 종교적 권위까지 갖췄다. 당연히 중동의 리더를 자처한다. 하지만 현실은 녹록지 않다. 북쪽엔 이란이라는 숙적이 버티고 있고, 국경이 맞닿은 예멘에선 이란이 지원하는 후티 반군과 수십 년째 전쟁 중이다.

앞선 챕터에서 언급했듯이 2017년 왕세자가 된 무함마드 빈 살만은 사우디를 확 바꾸려 하는 중이다. 여성 운전을 허용하고, 영화관을 열고, 콘서트를 개최했다. 천문학적인 돈을 투입해 사막에 미래도시 네옴도 짓는 중이다.

사우디와 이란의 갈등은 종교전쟁이자 패권전쟁이다. 수니파의 종주국 사우디와 시아파의 맹주 이란은 중동 곳곳에서 충돌한다. 예멘에선 사우디가 정부군을, 이란이 후티 반군을 지원한다.

시리아의 상황은 최근 급변했다. 2024년 12월 8일, 13년간 이어진 아사드 정권이 반군 연합의 공세로 무너졌다. 사우디가 지원했던 반정부군이 결국 승리한 셈이다. 아사드는 러시아로 도피했고, 이란은 시리아라는 중요한 동맹을 잃었다. 레바논에선 여전히 사우디가 수니파 정치인들을, 이란이 헤즈볼라를 후원하며 대립한다.

2023년 3월에는 놀라운 일이 벌어졌다. 중국의 중재로 사우디와 이란이 7년 만에 외교관계를 정상화한 것이다. 베이징에서 양국 대표가 악수하는 장면은 세계를 놀라게 했다. 하지만 이는 전술적 휴전에 가깝다. 시리아에서 이란이 입은 타격을 보면 근본적인 갈등 구조는 여전하다. 사우디와 미국의 유착관계는 유명하다. 1945년 루스벨트 대통령과 압둘아지즈 국왕이 만난 이래, 사우디와 미국은 굳건한 '석유-안보' 동맹을 유지해왔다. 사우디는 석유를 달러로 팔아 미국 패권에 일조하고 미군기지로 안보를 보장받는 대신, 미국은 사우디를 통해 석유를 안정적으로 공급받았다.

바이든 행정부 시절 관계가 소원해졌지만, 2025년 1월 트럼프의 재집권으로 분위기가 바뀌었다. 트럼프는 첫 임기 때처럼 사우디와의 관계 복원에 나서고 있다. 사우디도 이를 환영하는 분위기다. 특히 이란과의 대립에서 미국의 지원을 기대하고 있다.

사우디는 중국과의 관계도 중시한다. 2022년 시진핑 주석이 사우디를 방문했을 때 받은 환대는 당시 바이든 대통령 방문 때와는 대조적이었다. 무조건 미국에 붙었던 예전과 달리 이제는 미국과 중국 사이에서 언제든지 왔다 갔다 할 수 있다는 시그널인 것이다.

중동의 비즈니스 허브 UAE

UAE는 우리나라보다 작은 영토에 인구도 1000만 명에 불과하다. 하지만 두바이와 아부다비를 앞세워 중동의 비즈니스 허브로 우뚝 섰다. 에미레이트 항공은 세계 최고 수준이고, 두바이의 스카이라인은 뉴욕 못지않다.

UAE의 외교는 철저히 실용적이다. 이념보다는 이익을 따진다. 이란을 안보 위협으로 보지만 두바이는 역사적으로 페르시아(현재의 이란) 상인들의 주무대였다. UAE는 대이란 제재를 우회하는 무역의 중심지 역할을 톡톡히 한다.

2020년 9월 UAE는 아랍 국가 중 세 번째로 이스라엘과 수교했다. '아브라함 협정'으로 불리는 이 합의는 중동 외교의 판을 바꿨다. 팔레스타인을 외면했다는 비판도 있었지만, UAE는 개의치 않았다. 텔아비브-두바이 직항이 뜨고, 양국 기업들이 활발히 교류한다. 이스라엘의 첨단기술과 UAE의 자본이 만나는 것이다.

2025년 5월 트럼프가 UAE를 방문했다. 그가 들고 온 선물은 바이든 시절 막혔던 AI 반도체 수출 허가였다. UAE는 미국의 최첨단 AI 칩을 연간 50만 개까지 수입할 수 있게 됐다.

더 놀라운 건 투자 규모다. UAE는 향후 10년간 미국에 1.4조 달러를 투자하겠다고 약속했다. 에티하드 항공은 보잉 항공기 28대를 145억 달러에 구매하기로 했다. 아부다비 국영석유회사(ADNOC)는 미국 에너지 기업들과 600억 달러 규모의 계약을 맺었다.

UAE는 작은 나라이지만 야심이 크다. 홍해와 아프리카의 뿔 지역에 군사기지를 운영하며 영향력을 확대한다. 시리아에서 아사드 정권이 무너지자 재빨리 새 정부와 관계를 맺었으며 두바이의 DP월드는 8억 달러 규모의 타르투스 항구 개발 계약을 체결했다.

석유 시대가 저물기 전에 AI 강국으로 도약하겠다는 포부도 밝혔다. 미국과 합작해 짓는 5기가와트(GW) 규모의 AI 캠퍼스는 미국을 제외하면 가장 큰 규모다. 미국과 중국 사이에서 실리를 챙기면서도 독자적인 길을 가겠다는 전략이다.

균형 외교의 달인, 카타르

카타르는 경기도만 한 크기에 인구는 300만이다. 그중 카타르 국민은 10%에 불과하다. 하지만 세계 3위의 천연가스 매장량 덕분에 1인당 GDP가 세계 최고 수준이다.

카타르 외교의 특징은 '옴니 밸런싱(omni-balancing)'이다. 모든 나라와 관계를 맺는다. 미국의 중동사령부가 있는 알 우데이드 공군기지가 카타르에 있으며 총 1만 명의 미군이 주둔한다. 그런데 동시에 이란과도 사이가 좋다. 세계 최대 가스전인 '사우스파르스·노스돔'을 이란과 공유하기 때문이다.

더 놀라운 건 아프간 탈레반과 팔레스타인 하마스 사무소가 카타르의 수도 도하에 있다는 점이다. 미국이 탈레반과 협상할 때도, 이스라엘이 하마스와 대화할 때도 카타르가 중재했다. "우리는 대화의 장을 제공할 뿐"이라는 게 카타르의 입장이다.

2017년 6월 5일 사우디와 UAE, 바레인, 이집트가 카타르와 단교를 선언했다. 카타르가 이란과 가깝고 무슬림형제단*을 지원한다는 이유였다. 육로는 끊기고 영공도 폐쇄됐다. 카타르 국민들은 마트로 달려가 생필품을 사재기했다. 하지만 카타르는 버텼다. 터키와 이란에서 식료품을

---

* 1928년 이집트에서 창설된 이슬람 정치 운동 조직으로 이슬람 율법에 기반한 사회 건설을 추구한다. 이집트·사우디·UAE는 테러 조직으로 규정하는 반면, 카타르와 튀르키예는 지원하여 중동 외교 갈등의 핵심 쟁점 중 하나가 되고 있다.

공수했고, 자체 생산도 늘렸다. 젖소를 수입해 목장을 만들고, 농장을 확대했다. 오히려 위기를 자립의 기회로 삼았다. 3년 반 만인 2021년 1월, 사우디 알울라에서 열린 GCC(걸프협력회의) 정상회의에서 화해가 이뤄졌다. 하지만 불신의 씨앗은 여전히 남아 있다는 평가다.

2025년 5월에는 트럼프가 카타르를 방문했다. 타밈 빈 하마드 알 타니 국왕과의 만남에서 카타르는 향후 미국과 1.2조 달러 규모의 경제 교류를 약속했다.

가장 큰 건은 카타르항공의 보잉 항공기 구매였다. 787 드림라이너와 777X 등 210대를 960억 달러에 사들이기로 했다. 보잉 역사상 최대 규모의 광동체 항공기 주문이다. 방위 분야에서도 레이시언의 드론 방어 시스템 10억 달러, 제너럴 아토믹스의 무인기 20억 달러 등 대규모 계약을 체결했다.

카타르의 또 다른 무기는 알자지라 방송이다. 1996년 개국한 이 방송은 아랍 세계의 CNN이 됐다. 아랍의 봄 당시 시위 현장을 생생히 전하며 영향력을 과시했다. 사우디나 이집트 정부가 알자지라를 싫어하는 이유다.

2022년 카타르 월드컵도 소프트파워 전략의 일환이다. 작은 나라가 세계인의 축제를 성공적으로 치러내며 존재감을 알렸다. 에어컨이 나오는 경기장, 사막의 신도시 루사일은 카타르의 부와 기술력을 보여줬다. 2026년 미국 월드컵 개최권을 타밈 국왕이 트럼프에게 직접 넘겨주는 세레모니도 화제가 됐다.

하지만 균형 외교는 때론 위태롭다. 2025년 6월, 이란이 카타르의 알 우데이드 미군기지에 미사일 14발을 쐈다. 이스라엘 – 이란 전쟁이 확대되는 와중에 벌어진 일이었다. 이어 9월에는 이스라엘이 수도 도하에 있는 하마스 지도부 건물을 공습하는 일도 벌어졌다. 카타르는 이를 자국 주권 침해로 강력히 규탄했지만, 이 사건은 '균형 외교'를 표방해 온 카타르의 입지를 더욱 위태롭게 만들었다.

세 나라가 만드는 복잡한 역학관계

페르시아만의 세 나라는 같은 GCC 회원국이지만 각자 다른 꿈을 꾼다.

이스라엘을 바라보는 시선도 제각각이다. UAE는 2020년 아브라함 협정으로 수교하고 "비즈니스가 먼저"라며 경제협력에 매진하고 있다. 사우디는 "아직은 때가 아니다"라며 팔레스타인 눈치를 보며 수교를 미루고 카타르는 하마스와의 관계를 유지하며 "우리는 중재자"라는 입장을 고수하고 있다.

2022년 러시아의 우크라이나 침공은 이들의 독자성을 더욱 부각시켰다. 서방이 러시아 제재 동참을 압박했지만, 세 나라 모두 '중립'을 선언했다. 유가가 100달러를 넘나들며 오일머니가 쏟아지자, 사우디는 OPEC+에서 러시아와 손잡고 감산을 주도했고, UAE는 러시아 자본의 도피처가 됐으며, 카타르는 유럽에 천연가스를 팔며 대박을 터뜨렸다. "더 이상 미국 말만 듣고 살 순 없다"라는 메시지였다.

한국이 배워야 할 생존법

땅 파면 나오는 석유와 가스가 부럽긴 하다. 하지만 자원 없는 우리가 배울 점도 있다.

실용주의 외교가 그것이다. 카타르가 미군 기지를 두면서도 이란과 대화하고 탈레반과도 채널을 유지하는 모습은, 미중 갈등 시대를 사는 우리에게 시사하는 바가 크다. 한국도 반도체는 미국, 배터리는 중국과 협력하는 식으로 분야별 접근이 필요할 수 있다.

미래 준비도 중요하다. 사우디는 네옴에 막대한 투자를 하고, UAE는 AI 허브를 꿈꾸며, 카타르는 교육도시를 만든다. 석유가 언제까지 나올지 모르니 미리 준비하는 것이다. 한국도 현재의 성공에 안주해선 안 된다.

작은 나라의 지혜도 눈여겨봐야 한다. 인구 300만 카타르가 중동에서 목소리를 내는 비결은 독특한 역할을 찾았기 때문이다. 우리도 강대국 사이에서 우리만의 색깔을 찾아야 한다. 그게 K-팝이든, 반도체든, 배터리든 말이다.

앞으로 중동은 더욱 복잡해질 것이다. 미국의 영향력이 줄고 중국이 파고드는 가운데, 세 나라는 각자의 방식으로 생존을 모색할 것이다. 이들이 보여주는 실용주의와 독립성, 미래를 준비하는 자세가 우리가 주목해야 할 진짜 교훈이다.

러-우 전쟁으로 아랍 국가들이 득 봤다고?
오해와 진실은…

2022년 2월 24일 러시아가 우크라이나를 침공하면서 전 세계는 큰 충격에 휩싸였다. 이 전쟁은 단순한 국지적 갈등을 넘어 글로벌 경제와 정치 지형을 흔드는 사건으로 발전했다. 수년 넘게 전쟁이 이어지면서 많은 인명 피해와 막대한 물적 파괴가 발생했으며, 전 세계 에너지 시장과 식량 공급망 역시 심각한 타격을 입었다.

중동 지역도 예외는 아니었다. 우선 전쟁이 터지자마자 우크라이나행 비행이 전면 취소됐다. 우크라이나로 가는 항로는 계속 막혀 있다. 두바이에서 출발해 북서쪽으로 약 4시간 30분 정도 비행하면 갈 수 있었던 키예프(현재의 키이우) 국제공항이 아직도 눈에 선하다. 착륙하기 전 공항 주변 풍경이 참 아름다웠던 곳이었는데 말이다.

러시아는 세계 최대의 석유와 천연가스 생산국 중 하나이며, 우크라이나는 곡물 생산의 중요한 역할을 하는 국가이다. 이 두 나라 간의 갈등은 에너지와 식량 가격의 급등을 불러일으켰다. 특히 이들 나라와 지리적으로 가까운 아랍 세계는 이 전쟁으로 인해 에너지 시장이 재편되고 국제정치가 복잡해짐에 따라 인한 직접적인 영향을 받았다.

중동 석유와 가스의 주요 생산국인 사우디아라비아, 아랍에미리트, 카타르는 이 전쟁을 통해 경제적 이익을 얻으면서도 동시에 새로운 도전과 위험에 직면하게 됐다. 그리고 이 이슈는 현재까지 진행 중이다.

사우디, 아랍에미리트, 카타르를 중심으로 아직 끝나지 않는 러-우 전쟁이 아랍 세계에 어떤 영향을 끼쳤고 앞으로의 전망은 어떤지 간단히 짚어보도록 하겠다.

석유 가격 상승의 이중적 영향

우선 러-우 전쟁이 아랍 세계에 끼친 영향을 논할 때 빼놓을 수 없는 것이 유가 변동이다. 보통 전쟁이 터지고 주변 정세가 불안해지면 유가는 올라가기 마련이다. 공급 측면에서 안전하게 거래가 될 것인지에 대한 불안감이 생기기 때문이다.

보통의 석유 가격 상승은 산유국들에게 이득을 가져다준다. 하지만 반드시 긍정적인 영향만 있는 것은 아니다. 고유가는 석유 수출로 인한 수익을 증가시켜 경제 성장을 촉진할 수 있지만 반대로 에너지 소비국들과의 외교적 관계를 악화시키고, 글로벌 경제의 불안정성을 증가시킬 수 있다.

사우디와 같은 산유국들은 유가 상승으로 인한 수익 증대를 활용하여 인프라 개발과 사회 복지 프로그램을 확장할 수 있지만, 이는 동시에 인플레이션을 유발하고, 사회적 불안정을 초래하기도 한다. 또한 에너지 가격 변동성은 장기적인 경제 계획 수립에 어려움을 가중시키는 요소로 작동한다.

아랍에미리트와 카타르 역시 고유가와 LNG 수출의 증가로 경제적 이익을 얻었지만, 이는 동시에 글로벌 시장에서의 경쟁력을 저하시키는 요인이자 장기적인 경제 전략을 재검토해야 할 계기가 됐다. 또한, 에너지 수요 증가에 따른 자원 고갈 문제와 환경적 부담도 고려해야 하는 상황이다.

'유가 상승' 처음에는 싱글벙글… 하지만

사우디아라비아는 주요 석유 생산국으로서 전쟁 이후 처음에는 석유 가격이 급등함에 따라 경제적 이득을 많이 보았다. 이는 사우디의 국가 재정을 강화하고, '네옴'으로 대표되는 경제 다각화 계획 '비전 2030'을 적극적으로 추진하는 데 도움이 됐다는 평가를 받는다.

사우디는 이 기회를 통해 국제사회에서의 영향력을 강화하고, 석유 외교를 통해 경제적 안정을 도모했다. 또한, 석유 수익 증가로 인해 대규모 인프라 프로젝트와 사회 복지 프로그램을 확장할 수 있었다.

아랍에미리트 역시 실리를 많이 챙겼다. 전쟁으로 인한 경제적 충격을 관리하면서도 국제사회에서 중재자로서의 역할을 강화했다. 여기에 두바이는 금융 허브로서 국제 자본 유입이 대폭 증가했고, 에너지 외교를 통해 새로운 기회를 모색했다. 특히 러시아 부유층의 자금이 아랍에미리트로 유입되면서 두바이와 아부다비의 부동산 시장이 활성화됐다.

카타르는 LNG 수출국으로서 전쟁으로 인한 에너지 수요 증가의 수혜를 보았다. LNG 수출을 통해 경제적 성장을 이루었고, 에너지 안보 문제에서도 중요한 역할을 했다. 또한 중립적인 외교 정책을 유지하면서도 국제사회에서의 입지를 강화했다. 여기에 러시아와의 에너지 협력을 강화하는 한편, 유럽과 아시아 시장으로의 LNG 공급을 확대하여 경제적 기회를 극대화했다.

에너지로부터의 기회와 위기

유가 상승이란 달콤한 과실 뒤에는 인플레이션과 같은 경제 위기도 같이 따라오는 법이다. 최근에는 당시 유가가 높을 때 세워 놓은 국가계획에서 예상했던 만큼 유가가 높아지지 않고 여기에 재정지출이 늘어나면서 하나 둘씩 문제가 생기고 있다.

사우디아라비아는 높은 유가로 인해 에너지 소비국들과의 관계에 문제가 생기기도 했다. 특히 미국과의 관계에서 긴장감이 발생했다. 에너지 가격 상승으로 인한 인플레이션 압력과 이에 따른 사회적 불안정도 사우디에게는 큰 도전이었다.

최근에는 유가 상승이 움츠러들면서 한창 유가가 높을 때 세워 놓은 '비전 2030' 수행에도 빨간불이 켜진 상황이다. 급기야 빈 살만 왕세자가 돈이 부족해 돈을 빌리고 투자요청을 하러 이리저리 세일즈를 다닌다는 기사도 심심찮게 찾아볼 수 있다.

아랍에미리트는 러시아와의 경제 관계를 재정비하면서도 서방과의 외교적 균형을 유지하는 어려움에 직면했다. 또한 정세가 불안한 러시아를 피해 비교적 안전한 아랍에미리트로 러시아 자본이 몰리면서 부동산 시장이 과열되는 양상을 보이는 중이다. 두바이 부동산 시장의 호황은 건설, 금융, 서비스 산업의 성장을 촉진했고 고용 창출과 경제 전반의 활력을 불러일으켰으나 동시에 아랍에미리트 내 거주민들에게 큰 부담을 주고 있다. 부동산 가격과 임대료의 급격한 상승으로 인해 부동산 임대료에 쓰는 돈이 늘어나면서 높은 연봉을 자랑하는 외국인 전문직들마저 하나둘씩 두바이에 거주하는 것을 부담스러워하고 있다.

카타르 역시 비슷한 모습이다. 에너지 수요 증가로 인한 경제적 성장에도 불구하고, 전쟁의 장기화로 인한 글로벌 경제 불안정성과 에너지 시장의 불확실성에 직면했다. 여기에 팔레스타인-이스라엘 전쟁까지 2023년에 터지면서 경제적 불확실성이 더 커진 모습이다.

다른 아랍 국가들 상황은

러시아-우크라이나 전쟁은 사우디아라비아, 아랍에미리트, 카타르뿐만 아니라 다른 아랍 국가들에게도 다양한 영향을 미치는 중이다.

예멘과 시리아 같은 전통적인 분쟁 지역은 인도적 지원과 식량 원조가 감소하면서 상황이 더욱 악화되었다. 이들 국가들은 러시아와 우크라이나에서의 곡물 수입에 크게 의존하고 있었기 때문에, 전쟁으로 인한 공급 차질은 심각한 식량 위기를 초래했다.

요르단과 레바논은 전쟁으로 인한 경제적 충격에 직면했다. 이 국가들은 에너지 가격 상승과 공급망 교란으로 인해 경제적 어려움을 겪고 있으며, 특히 레바논은 이미 심각한 경제 위기를 겪고 있는 상황에서 이스라엘의 공습으로 더욱 큰 타격을 받고 있다.

팔레스타인과 이스라엘은 말할 것도 없다. 2023년에 발생한 전쟁의 여파가 크다. 가뜩이나 러-우 전쟁으로 힘든 와중에 터진 팔-이 전쟁으로 아랍 국가는 또다시 힘든 시기를 경험하고 있다.

앞으로의 전망

러-우 전쟁은 아랍 세계에 복합적인 영향을 미쳤다. 긍정적인 경제적 기회도 있었던 반면, 새로운 도전과 불확실성을 초래했다. 전쟁이 계속될수록 에너지 시장의 불확실성과 글로벌 경제의 불안정성이 심화되고 있으며, 이는 아랍 국가들의 장기적 전략에 중요한 변수로 작용하고 있다. 이러한 도전 속에서 경제적 다각화, 외교적 균형 유지, 에너지 안보 강화 등의 노력이 더욱 필요해지고 있다.

현재까지 우크라이나의 상황은 불리하게 전개되고 있다. 특히 2022년 연말 이후, 러시아가 점령지 방어를 강화하면서 전선이 고착화되었다. 일반적으로 공세를 펼치는 측은 방어하는 측보다 최소 3배 이상의 전력이 우세해야 하는데, 우크라이나는 러시아보다 전력이 부족한 상황에서도 계속해서 공세를 펼치며 병력과 자원을 소모하고 있다.

서방의 지원도 제한적이다. 지금까지 미사일과 전투기 등 '게임체인저'라 불리는 무기들이 제공되었지만, 실제로 전세를 뒤집지는 못했다. 여기에 트럼프 미국 대통령은 우크라이나에 대한 지원을 끊을 수 있다고 공언하며 불확실성을 더하고 있다.

결국, 전문가들은 이 전쟁이 휴전으로 귀결될 가능성이 높다고 보고 있다. 한국전쟁이 평화협정을 맺지 못한 채 38선을 기준으로 휴전된 것처럼, 우크라이나도 불리한 조건에서 휴전 협정에 합의할 가능성이 커지고 있다. 강대국들의 이해관계 속에서 우크라이나가 선택할 수 있는 길은 점점 좁아지고 있는지도 모른다. 힘이 없는 나라는 끝내 서러울 수밖에 없는 것일까?

중동에선 전쟁 당사자들이 함께 일한다⋯
이를 바라보는 네 가지 유형

러시아와 우크라이나 전쟁의 여파가 계속되고 있다. 끝날 듯 끝나지 않는 전쟁에 모두가 지쳤으며, 그로 인한 국제사회의 부담도 가중되고 있다.

양측의 인명 피해와 재산 피해 역시 계속해서 증가하고 있다. 유엔에 따르면, 전쟁으로 인해 우크라이나에서 2년 만에 약 100만 명이 사망하고 800만 명이 난민이 되었다. 또한, 우크라이나의 인프라와 산업시설이 크게 파괴되면서 경제적 피해도 막대하다.

우리들이야 가끔 이렇게 활자나 영상으로 된 뉴스를 보는 것이 전부지만, 현재 그곳에 살고 있는 사람들에게는 다른 이야기일 것이다. 자신의 친구 혹은 지인들이 전쟁의 영향을 받을 수도 있고, 전선에 나가 있는 사람들 중

내 가족이 있을 수도 있기 때문이다.

이런 가운데 전쟁의 당사자인 러시아와 우크라이나 사람들이 한 직장에서 근무하면 어떤 일들이 벌어질까. 서로 대놓고 말은 못 하지만 당연히 예전만큼 엄청 편하거나 막역하지만은 않을 것이다.

실제로 중동에 위치한 많은 항공사에서 이런 일들이 벌어지고 있다. 다국적 승무원들이 많은 특성상 우크라이나와 러시아 승무원이 같은 비행기를 타고 근무할 일이 많기 때문이다. 내가 근무하는 항공사만 해도 전 세계 120개국 사람들이 모여 근무하고 있다. 러시아-우크라이나뿐 아니라 중국-대만, 이란-사우디, 인도-파키스탄 승무원 등도 서로 같이 비행할 때가 있다. 차이점이라면 이들 나라들은 앙숙이지만 현재 전쟁을 하고 있지는 않은 반면, 우크라이나와 러시아는 지금도 전쟁 중이다.

쉽게 이해하려면 어느 날 옆 나라가 우리나라에 쳐들어왔고 현재까지 수많은 한국인이 죽고 있는데, 어느 한 외국계 기업에서 한국인과 그 전쟁 당사국 사람이 매일 얼굴을 맞대면서 한솥밥을 먹고 있는 상황을 생각하면 되겠다.

사실 회사 입장에서도 이런 걸 다 알기 때문에 비행

중에 승무원들 간 정치나 종교 얘기를 하는 것을 금지한다. 비행 스케줄도 이를 고려해 잡기에 특히 우크라이나와 러시아 승무원이 같은 비행기를 타는 경우는 드물다.

하지만 승무원들 입장에서 길게는 10시간 넘게 비행하는데 10시간 동안 디저트 맛집 얘기만 할 수도 없는 것이고, 같은 비행기를 안 탄다 해도 브리핑룸이나 회사 안에서는 얼마든지 마주칠 수 있는 것이다.

이렇게 사람 사는 얘기 하다 보면 결국엔 "너희 가족은 괜찮냐", "너는 괜찮냐"는 식의 대화가 나오기 마련이다. 이렇게 전쟁 관련해서 필자가 직간접적으로 대화해 보면서 경험해 본 승무원들의 유형은 크게 네 가지로 나뉘었다.

1 참회형

자신이 직접 저지른 일은 아니지만 어쨌든 본인이 속한 국가나 단체에서 옳지 못한 일을 했다고 인정하고 이를 반성하는 유형이다.

어느 날 나와 같이 비행을 했던 한 러시아 국적의 기장은 "이유를 막론하고 전쟁은 옳지 못한 것"이라면서 "사실 (러시아가) 많은 잘못을 저지르고 있다. 내 동생의 부인이 우크라이나 사람이다. 다행히 전쟁에 휘말리지는 않았는데, 너무 장기화되면서 동생의 안위에도 문제가 생기고 있다. 어서 빨리 끝났으면 좋겠다"라고 말하면서 한숨을 푹 쉬었다.

이어 "이렇게 옳지 못한 것을 보면서도 도망쳐서 여기서 돈이나 편하게 벌고 있는 나도 비겁한 사람"이라면서 "특히 예전에 징집령이 내려졌을 때 괜히 들어갔다가 끌려갈 수도 있겠다는 생각이 들어 그 기간에는 절대로 러시아 땅에 안 들어갔다. 지금 생각해 보면 모든 게 부끄러운 행동들이다"라고 말했다.

2 비판형

1번의 참회형에서 한발 더 나아가서 자신이 속한 단체에 대한 비판을 하는 유형이다. 어느 날 러시아 출신 승무원과 비행기 안에서 얘기할 기회가 있었는데, 그녀는 현 러시아 대통령인 푸틴 얘기만 나오면 그렇게 미간을 찌푸리면서 비판을 많이 했다. 말인즉슨 푸틴이 전쟁을 일으키고 현재 미국을 비롯한 서방 제재를 강력하게 받으면서, 전쟁과는 하나도 관련이 없는 본인에게까지 피해가 지속적으로 온다는 것이다.

외국에서 돈을 벌어 러시아로 갖고 들어가는 것도 예전보다 상당히 귀찮아졌고, 우크라이나 점령을 하든 안 하든 자신의 일상에 아무 영향도 없는데 유럽이나 미국 여행만 더 까다로워졌다는 현실적인 이유였다.

이건 나도 동감하는 것이, 현재 비자와 마스터카드 같은 미국 신용카드 회사들이 러시아에서 철수를 하면서 러시아 안에서는 비자나 마스터카드 국제 신용카드를 못 쓰고 있다. 때문에 가끔 러시아에 레이오버*를 하게 되면 꼭 달러를 챙겨 현지 은행에서 러시아 루블 현금으로 환전해야 한다. 너무나 귀찮은 상황이다. 이런 건 사실 아주 작은 예고, 현지에서 보면 이런 불편한 일이 한두 개가 아닐 것이다.

3   무관심형

이해하는 사람도 있고 이해 못하는 사람도 있겠지만

---

*   항공 승무원이 비행 일정 중 목적지에서 다음 비행까지 일정 시간 머무르는 것을 의미한다. 일반적으로 몇 시간에서 하루 이상이 될 수도 있으며, 이 기간 동안 승무원은 휴식을 취하거나 다음 비행을 준비한다.

자신의 나라에서 무슨 일이 일어나든지 전혀 관심 없는 유형도 가끔 보인다.

원래부터 정치 사회 이슈에 관심 없었고, 나는 내 일만 열심히 하면 되고, 사람들이 이런 것에 궁금해하는 것도 싫고, 전쟁이 일어났다고 해서 우리 가족이 연관된 것도 아니고, 오래전부터 외국 생활을 해왔기 때문에 감흥도 없다. 그리고 전쟁이 일어났다고 해서 나에게 딱히 피해를 주거나 내 삶에 영향을 끼치는 것도 아니기에 별 관심도 없다는 것이다.

이런 경우 뉴스를 보고 읽은 타 외국인 승무원이 오히려 전쟁 진행 상황이나 푸틴이나 젤렌스키 발언에 대해 더 많이 알고 있는 경우가 생긴다.

어느 날 같이 비행했던 우크라이나 출신 승무원이 이런 말을 했던 것이 기억난다.

"솔직히 잘 모르겠어요. 전쟁이 나쁜 건 알겠고 당연히 싫죠. 그런데 저희 가족은 이미 우크라이나 밖에서 산 지 오래되어서 피해받은 것도 없고 해서 별로 막 엄청 피부로 와닿는 것 같지는 않아요. 그리고 뭐 제가 뭘 할 수 있는 것도 아니고. 그냥 저도 하루하루 비행하면서 사는 작은 크루에 불과한데 제가 뭐 어떻게 할까요?"

이 얘기를 듣고 "어떻게 너희 나라에서 벌어진 비극을 모른 척할 수 있어?"라며 그를 비난할 수 있을까. 솔직히 나는 잘 모르겠다. 이런 상황에서 99%의 개인은 무기력할 수밖에 없는 것이 현실이기 때문이다. 우리나라 일제강점기 때에도 모두가 다 독립투사가 되었던 것은 아니다. 대다수는 현실에 순응하면서 하루하루 여느 때처럼 살았을 것이다.

4 얌체형

'남의 불행은 나의 행복'이란 말처럼 이러한 가운데 전쟁이 본인들에게는 더 이익이 되었다고 말하는 사람도 있다. 물론 진심으로 그러는 건 아니라고 믿지만 말이다.

한 인도 출신 승무원은 나에게 "러시아-우크라이나 전쟁 덕분에 인도 경제는 현재 엄청나게 더 성장하고 있어. 러시아 원유를 헐값으로 수입해서 이를 경제에 보태고 있기 때문이지"라고 말했다. 이어 "많은 인도인들 역시 러시아와 가까워지면서 이를 기회로 보고, 서방이 빠져나간 틈을 이용해서 러시아에 진출하고 그들에게서 이익을 취하고 있어"라고 밝혔다.

사실 그 인도 출신 승무원이 진심으로 전쟁이 일어나서 좋다는 식으로 말했다고는 생각하지는 않는다. 그도 어느 정도는 자조적으로 말하면서 현실에 대해 설명했기 때문이다. 하지만 분명히 전쟁을 기회로 삼아서 자신의 이익을 취하는 사람이나 단체가 있는 것도 사실이긴 하니 판단은 각자의 몫으로.

실제로 전쟁 이후 인도의 대러시아 수입은 전년 대비 4.4배 증가하며 이전의 21위에서 6위 수입대상국으로 급부상했다. 물론 서방 국가들의 시선은 곱지 않다. 러시아의 우크라이나 침공에 대한 대응으로 러시아에 대한 제재를 강화하고 있기 때문이다. 하지만 인도는 이에 아랑곳하지 않고 앞으로도 러시아와의 협력을 유지하겠다는 입장이다.

어디 인도뿐이랴. 아낌없이 우크라이나를 원조했던 미국도 2025년 1월 도널드 트럼프가 대통령으로 취임하고 나서는 그동안의 입장을 완전히 바꿔 우크라이나에게 가진 광물을 내놓으라 하고 심지어 러시아와 공조를 맞추려는 모습을 보이니, 참으로 세상은 냉혹한 것이다.

잉글랜드 프리미어 리그에서 펼쳐지는
중동 왕족들의 오일머니 경쟁

최근 몇 년 동안 잉글랜드 프리미어 리그(EPL)를 뒤흔들고 있는 대형 이슈가 하나 있었다. 바로 전통의 EPL 명문구단이자 우리에게도 친숙한 '맨체스터 유나이티드(이하 맨유)'가 대형 매물로 나왔던 것. 퍼거슨 감독의 퇴임 이후 10년 넘게 부진이 계속되자 이에 시달린 맨유의 소유주 미국 글레이저 가문은 여론에 떠밀려 매각을 발표했다.

그 뒤 영국 출신 석유 화학 재벌 짐 래트클리프와 중동 부호국인 카타르의 셰이크 자심 빈 하마드 빈 자심이 맨유 인수를 놓고 치열한 경쟁을 벌였다.

영국과 카타르 매체의 보도에 따르면 "셰이크 자심 빈 하마드가 맨유 인수를 위해 50억 파운드를 제시했다.

그중 10억 파운드는 부채 청산에 쓰일 것이며, 일부는 클럽과 지역 사회 공헌 자금으로 사용될 예정이다"라고 전했다.

그 후 맨유는 곧 주인이 바뀌는 듯했지만 최종적으로 2023년 10월 매각이 무산돼 버려 안타까움을 자아냈다. 현지 언론에 따르면 "카타르 은행 회장 셰이크 자심 빈 하마드 알 타니가 맨유 인수를 위해 50억 파운드를 제안했지만, 양측의 협상은 결렬됐다. 이에 자심은 (입찰가를 높이는 대신) 인수 의사를 철회하기로 했다"고 밝혔다.

하지만 왕가의 마음먹기에 따라 언제든지 다시 뛰어들 수도 있고, 자심이 맨유가 아닌 EPL의 다른 팀을 물색한다는 루머도 나오는 것을 보면 완전한 포기라고 보기엔 아직 이른 것 같다. 맨유 인수전에서 한발 물러선 듯 보이지만, 카타르의 EPL 진출 야망은 끝나지 않았기 때문이다.

이처럼 오일머니가 스포츠판에 대한 영향력을 갈수록 확장하고 있다. 골프계와 테니스 그리고 축구계까지 판도를 바꾸면서 중동의 입김이 더욱 커지고 있다. 이제는 중동 국가들 없이는 유럽 축구를 논하지 못할 수준에 이르고 있다.

세계 최고 인기 축구 리그로 손꼽히는 잉글랜드 프리미어 리그에서도 재미있는 현상이 나타나고 있다. 중동의 세 부자 나라인 사우디아라비아, UAE, 그리고 카타르가 EPL의 팀들에 천문학적 자금을 투입하면서 '新 삼국지'를 연출하고 있는 것이다. 도대체 무슨 일이 벌어지고 있는지, 중동 왕족들은 왜 EPL에 돈을 쏟아붓고 있는 것이며, 그들은 무엇을 노리고 있는 걸까.

스카웃에서 후원으로, 후원에서 매입으로

중동은 오래전부터 세계 축구의 오아시스 중 하나였다. 사우디 프로페셔널 리그나 카타르 스타스 리그, UAE 축구 리그 등은 막대한 자금력을 앞세워 세계적인 선수들을 모았다. 기량 있는 선수들이 말년에 높은 연봉과 좋은 조건으로 중동에서 선수 생활을 마무리하는 것은 드물지 않은 일이었다. 그러다가 어느 날 중동 부자들은 생각하게 된다.

"생각해 보니 우리 리그에만 데려올 게 아니라, 우리가 직접 유럽 리그로 진출하면 되잖아?"

2000년대 들어서 중동 산유국들은 유럽 프로축구로 앞다퉈 뛰어들기 시작했다. 처음에는 유럽 명문구단들의 유니폼에 회사 로고를 새기는 후원 계약 수준이었다. AS 로마의 카타르(Qatar) 항공, 아스날과 레알 마드리드의 에미레이트(Emirates) 항공 스폰서 유니폼 등이 대표적이다. 그러다가 한 아랍 왕족이 이렇게 생각하기 시작했다.

"잠깐, 스폰서로 머물 게 아니라 매물 나온 거 있으면 내가 직접 구단을 인수해서 키우는 게 더 좋을 것 같은데? 재미도 더 있을 거고."

그러고 나서 2008년 아랍에미리트의 왕자인 셰이크 만수르가 EPL 구단인 맨체스터 시티(이하 맨시티)를 2억 6,500만 파운드(약 4,300억 원)에 인수하게 된다. 이렇게 2000년대 후반이 되자 중동 국가들은 자국 리그에 선수를 스카웃하거나 유럽 구단을 스폰서하는 것에 그치지 않고, 아예 구단을 인수하고 직접 운영하기 시작했다.

UAE의 맨체스터 시티를 시작으로 카타르, 그리고 오일머니의 끝판왕인 사우디까지 유럽 축구 시장에 가세하면서 '머니게임'은 더욱 뜨거워졌다.

UAE의 앞선 성공, 사우디의 출격

그전까지 같은 지역 라이벌 맨유에 눌려 만년 2등 자리에 머물렀던 맨시티는 만수르의 인수 이후 말 그대로 환골탈태하게 된다. 맨시티는 지난 십여 년 동안 선수 영입에만 거의 3조억 원을 지불했는데, 이는 EPL에서 가장 많은 돈을 쓴 것이며, 구단 시장 가치도 EPL 1위를 달렸다.

오일머니의 적극적인 투자는 곧 성적으로 이어졌다. 급기야는 2023년 유럽축구연맹(UEFA) 챔피언스리그 결승에서 인터밀란을 1 대 0으로 이기면서 구단 역사상 첫 우승과 동시에 유로 트레블(3관왕)이라는 대업을 달성했다. 만수르가 팀을 인수한 지 15년 만에 벌어진 일이다.

이렇게 맨시티가 한참 주가를 올리면서 세계 최정상을 향해 달려갈 무렵, EPL에 또 하나의 전설이 등장한다. 바로 비공식 세계 최고 부자인 빈 살만 사우디 왕세자다. 2021년 사우디 국부펀드(PIF)를 이용해 EPL 구단인 뉴캐슬 유나이티드(이하 뉴캐슬)를 3억 500만 파운드(약 4,800억 원)에 인수했다.

아마 맨시티의 선전을 보면서 빈 살만은 이렇게 생각하지 않았을까.

'내 재산 1/10도 안 되는 서민 구단주가 챔피언스리그 우승했다고 저렇게 좋아하는 거 보니 배 아파 못 견디겠네. 나 아직 인수한 지 3년도 안 됐다. 금방 따라잡아 줄게.'

추정 재산만 3,430억 파운드(약 575조 원)에 이르는 것으로 알려진 빈 살만의 지원 덕분일까? 2023년 9월 뉴캐슬은 셰필드 유나이티드를 상대로 8-0 대승을 거두며 구단 역사상 최다 점수차 원정 승리를 기록했다. 더불어 2022~2023 EPL 시즌에서 최종 4위를 기록하며 UEFA 챔피언스리그 진출권을 확보했고, 2023~2024 시즌에는 리그 7위를 차지해 UEFA 유로파리그 진출권을 획득했다.

두 아랍 왕족의 대전인 뉴캐슬(사우디 빈 살만) vs 맨시티(UAE 만수르) 대결이 더욱 기대되는 이유다. 그런데 이렇게 유유하게 2파전으로 흘러갈 것 같은 EPL의 중동 부자들 싸움에 어느 날 초대형 떡밥이 하나 투척됐다.

카타르, 참전의지 보이다

전통의 EPL 명문구단이자 세계 브랜딩 가치에서도 순위권에 드는 맨체스터 유나이티드가 2022년 말 초대형 매물로 나왔을 때 카타르 이슬라믹 뱅크(QIB)의 회장인 셰이크 자심 빈 하마드 빈 자심이 최종 인수자로 가장 유력했다는 것을 글 초반에 언급했다.

그런데 만수르와 빈 살만은 알아도 자심은 잘 모르는 이들이 많을 것이다. 1982년 카타르 왕족으로 태어난 그는 카타르 전 총리인 하마드 빈 자심 빈 자베르 알타니(Hamad Bin Jassim Bin Jaber Al Thani)의 아들이다.

자심은 맨유의 열성팬으로 알려졌으며, 영국 왕립 육군사관학교를 졸업했다. 그가 이끄는 QIB는 세계에서 4번째로 큰 이슬람 은행이다. 또한 QIB를 포함한 8개의 다른 사업체를 지휘하고 있으며, 7개의 다른 회사의 이사로도 활동 중이다. 수년간 런던에서 저명한 투자자로 활동해왔다.

맨유 팬들은 그의 인수를 환영했다. 앞서 글레이저 가문 퇴진 시위까지 했던 팬들은 자심이 오일머니를 앞세워 그동안 부진했던 맨유를 다시 일으켜주길 기대했기 때문이다.

왜 그렇게 많이 돈을 쓰나?

일련의 과정을 지켜보며 '왜?'라는 의문을 갖게 될 것이다. 중동 왕족들은 왜 이렇게 대규모의 돈을 쏟아부으며 유럽 축구에 투자하는 것일까.

첫 번째 이유는 경제적 동기다. 오일머니는 넘치지만 석유 자원이 고갈되는 날이 멀지 않았다. 이에 대비해 경제 다변화에 힘쓰고 있는 중동 왕족들에게 유럽 축구 투자는 중요한 수단이 된다. 축구는 세계에서 가장 인기 있는 스포츠로서, 큰 상업적 가치를 지니고 있다.

유럽의 축구팀은 그 자체로도 큰 브랜드이며, 이는 세계적인 영향력을 확장하는 데 기여한다. 그리고 유럽의 축구 리그 중 현재 가장 인기 있는 리그는 단연 EPL이다. 중동 국가들이 다른 리그보다 EPL에 더 우선적으로 투자하는 것도 이 때문이다.

두 번째 이유는 더 많은 국제적인 인정과 영향력을 얻기 위함이다. 축구 구단을 소유하면 그 구단이 가진 팬층과 인지도를 통해 전 세계에 자신들의 이름을 알릴 수 있다. 이를 통해 국가 이미지를 증진시키고, 세계에 대한 영향력을 확대할 수 있다.

만수르를 예로 들어보자. 만수르가 2008년 맨시티를 인수하기 전, 그를 알고 있는 사람은 많지 않았다. 아마 아랍 관련 전공자가 아닌 이상 그를 알기란 쉽지 않았을 것이다. 반면, 현재 '만수르'라는 이름은 중동 부호의 대명사다. UAE 대통령의 이름은 몰라도 만수르의 이름은 알 정도로 유명해졌다. 특히 2023년 챔피언스리그 우승과 트레블 달성 이후 그 이름은 더 널리 알려졌다.

중동 왕족들은 다 계획이 있구나

그렇다면 이들은 무엇을 노리고 있는 것일까.

가장 확실한 것은 '팀 우승'이겠다. 돈을 투자해 선수를 영입하고 성과를 내는 것이 중요하다. 중동 왕족들은 자신들이 투자한 팀이 세계에서 가장 성공적인 팀이 되길 바라며, 이를 위해 막대한 자금을 지원한다. 이런 성공은 축구 경기에서 이기는 것뿐만 아니라 상업적 성공을 포함한 종합적인 성공을 의미한다. 이는 브랜드 가치의 증가, 상품 판매, 스폰서십 계약, 국제적인 인지도 향상 등으로 나타난다.

만수르의 맨시티가 챔피언스리그에서 우승하며 유럽 최강자의 자리에 오르면서 이미 이를 보여줬다. 이를 보고 사우디의 빈 살만이 가만히 있을 리 없다. 돈은 얼마든지 있으니 자신이 인수한 팀을 리그 우승으로 이끌려고 할 것이다.

두 번째로 이들은 국가 이미지 개선을 노리고 있다. 구단의 성공은 그들의 국가 이미지를 개선하는 데 중요한 역할을 한다. 성공적인 팀은 글로벌 팬 기반을 확보하게 되고, 팬들은 그 팀과 연결된 모든 것에 긍정적인 인상을 가지게 된다. 이는 투자자의 국가에 대한 인식까지 바꿀 수 있다.

세 번째로 스포츠 외교를 통해 국제적인 영향력을 확장하려는 의도도 있다. 축구팀을 소유하고 그 팀을 성공으로 이끄는 것은 그들의 국제적 위상을 높이고 글로벌 커뮤니티에서 자신들의 위치를 강화하는 데 도움이 된다.

마지막으로 투자를 통해 경제적 다양성을 추구하려는 목표도 있다. 석유 자원에 의존하는 경제에서 벗어나 다른 분야로 확장하는 것은 중동 국가들에게 중요한 아젠다다. 스포츠 투자를 통해 다양한 산업에서 수익을 추구하며 경제를 안정화하는 데 기여하고 있다. 단순히 축구팀에 투자하는 것 이상의 의미를 지니고 있다.

이 경제적 다양성은 중요한 의미를 갖고 있다. 만수르는 2008년 맨시티 인수 후 "우리는 맨체스터 시티의 성공을 통해 도시의 잠재력을 제대로 활용할 것이다. 이를 위해 투자하겠다"라고 밝혔다.

이후 그가 ADUG(아부다비 유나이티드 그룹)를 앞세워 도심에서 북동쪽으로 1.6km 떨어진 곳에 에티하드 캠퍼스(Etihad Campus)를 세우고 대규모 개발을 진행하자, 사람들은 그의 말을 단순한 의례로만 받아들이지 않게 되었다.

원래 산업 지역이었던 이곳이 맨체스터 시티의 홈스타디움인 에티하드 스타디움과 유소년팀을 위한 학습센터, 훈련장을 포함한 첨단 스포츠 복합시설로 변하면서 지역 경제에 활기를 불어넣고 있다.

그뿐만 아니라 만수르는 맨체스터 라이프(Manchester Life)라는 주택 개발 회사를 설립해 6,000개 이상의 새로운 주택을 만들어 청년층에게 저렴한 주택을 제공하고 있다. 이는 부동산 가격이 상승 중인 맨체스터에서 젊은 사람들의 도시 생활 유지를 돕는 중요한 역할을 하고 있다. 또한, 그는 이 지역의 다양한 미술과 문화 프로젝트를 후원하는 패트론 역할도 하고 있다.

구단주가 아닌 '도시 및 부동산 투자자'로서 만수르의 안목도 재조명받고 있다. 맨체스터는 원래 잉글랜드 제2~3의 광역권으로 기반시설이 풍부했다. 경기장 근처에는 개발할 만한 땅이 많았고, 쇠퇴한 도시인 리버풀보다 잠재력이 크다고 평가받고 있었다. 만수르는 이 점을 알아보고 맨시티를 인수한 것이다.

결과적으로 만수르의 맨체스터 시티 인수와 그 이후의 도시 개발 프로젝트는 그의 비즈니스 전략에 큰 성공을 가져다줬다. 그의 맨시티는 주변 부동산과 도시 개발 등을 통해 얻은 수익을 모두 빼도 인수할 때보다 5배 이상 가치가 올랐다.

이는 스포츠 팀 인수가 단순히 스포츠 업계에서의 성공만을 목표로 하는 것이 아니라 광범위한 투자 전략의 일부로 작동할 수 있음을 보여주는 좋은 사례다. 팀의 성공을 통해 브랜드 인지도를 높이고, 이를 활용해 도시와 지역 경제 발전을 돕는 모델로 자리 잡고 있다.

후발주자인 사우디 빈 살만도 이 변화를 눈여겨보았을 것이다. 일각에서는 빈 살만의 뉴캐슬 인수가 잉글랜드 북동부 공업 지역의 중심 도시인 뉴캐슬 어폰 타인(Newcastle upon Tyne) 개발을 통해 더 큰 그림을 그리는 것이라는 분석도 나온다.

EPL에서 촉발된 중동 왕족들의 축구 투자는 이제 글로벌 경제 패권을 둘러싼 경쟁의 도화선이 되고 있다. 과연 축구를 통해 더 강력한 영향력을 확보할 나라는 어디일까.

IMF가 보는
사우디의 경제전망

사우디아라비아는 세계적인 산유국이며, 글로벌 경제의 불확실성이 지속되는 가운데에서도 비교적 선방한 국가 중 하나다. 코로나19 팬데믹 이후 경기 침체와 국제 유가 변동성, 달러 강세 등의 악재가 이어졌지만, 사우디는 여전히 주요 에너지 수출국으로서 경제적 입지를 유지하고 있다. 여기에 사우디의 경제전망은 한국과도 밀접한 연관을 갖는다. 사우디는 한국의 주요 원유 공급국일 뿐만 아니라, 인프라 개발·신재생에너지·방위산업·스마트시티 등 다양한 산업 분야에서 협력을 확대하고 있기 때문이다.

견실한 경제 성장 전망

사우디의 대외무역은 코로나19와 저유가의 영향으로 2020년에 대폭 감소했지만, 이후 꾸준한 회복세를 보였다. 특히 원유 수출이 대부분을 차지하는 교역 특성상, 국제유가 상승이 국가 무역수지 개선에 크게 기여했다.

IMF는 2025년 사우디의 경제성장률을 3.3%로 예측했다. 이는 오펙플러스(OPEC+)*의 석유 생산 감축 연장과 국제유가 변동성이 반영된 수치다. 그러나 사우디 정부는 비석유 부문 성장과 대규모 프로젝트 사업을 통해 경제 다각화를 지속적으로 추진 중이며, 이 부문은 여전히 안정적인 성장세를 보이고 있다.

또한, 사우디 정부는 비석유 산업의 중요성을 인지하고 있으며, 비전 2030 정책의 일환으로 신산업 및 기술 분야 활성화에 박차를 가하고 있다. 이를 통해 향후 석유 의존도를 낮추고 경제 구조를 보다 안정적으로 만들겠다는 계획이다.

---

* 석유수출국기구(OPEC)와 러시아를 비롯한 주요 비OPEC 산유국들이 협력하여 구성한 석유 생산 조정 기구. 국제 원유 시장에서 공급 조절을 통해 유가를 유지하는 역할을 한다. 주요 회원국으로는 사우디아라비아, 러시아, 아랍에미리트, 쿠웨이트, 이라크 등이 포함된다.

사우디 정부는 이러한 경제 환경 변화에 적응하기 위해 공공 부문의 역할을 확대하고, 민간 부문의 참여를 증대시키는 데 집중하고 있다. 이를 위해 새로운 산업을 육성하고, 외국인 투자 유치 및 기업 환경 개선 등의 정책을 적극적으로 추진하는 중이다.

계속 성장하는 한국-사우디 관계

2020년 코로나19의 여파로 전 세계적으로 경제활동이 위축되면서 한국과 사우디아라비아 간의 교역도 감소했다. 그러나 2021년 이후 국제유가가 빠르게 회복되면서 교역 규모가 다시 증가했고, 2022년에는 국제유가 급등으로 인해 전년 대비 68.5% 증가한 465억 500만 달러를 기록했다.

한국과 사우디 간 경제 협력은 지속적으로 확대될 전망이다. 사우디는 한국의 주요 원유 공급국이자 중동 내 최대 교역 대상국 중 하나로 자리 잡고 있으며, 향후 인프라 개발 및 신재생에너지 프로젝트에서도 협력이 강화될 것으로 보인다.

사우디는 한국의 7대 교역 대상국에 속하며, 중동에서

는 튀르키예에 이어 두 번째로 큰 수출 대상국으로 자리 잡았다. 수입 면에서는 중국, 미국, 일본, 호주에 이어 다섯 번째로 높은 위치를 차지하며 한국의 국제무역에서 중요성이 계속 증가하고 있다.

한국-사우디 관계 전망

한국은 사우디와의 무역뿐만 아니라, 다양한 경제 분야에서 협력을 확대하고 있다. 2022년 빈 살만 왕세자가 방한하면서 양국 간 경제협력은 더욱 강화되는 중이다. 그 자체로 큰 의미를 지닌 빈 살만 왕세자의 방한에서 양국은 에너지, 건설, 방산, 첨단기술, 스마트시티, 수소 경제 등 다양한 분야에서 총 26건의 양해각서(MOU)를 체결하였다.

특히, 한국과 사우디는 사우디의 비전 2030 프로젝트에서 협력할 기회를 확대하고 있다. 이 프로젝트에 따라 양국은 네옴에서의 친환경 수소에너지 생산, 원전 및 전력망 건설, 그리고 IT 인프라 개발 등 다양한 분야에서의 협력 방안을 구체화하고 있다.

또한, 한국은 사우디에 K-팝, K-드라마와 같은 한국

문화 콘텐츠를 수출함으로써 사우디에서 한국 문화에 대한 인지도를 높이고 있다. 이를 통해 양국 간의 문화적 교류와 인적 교류도 증가하고 있어, 경제협력뿐만 아니라 사회적, 문화적 측면에서도 긴밀한 관계가 형성되고 있다.

이처럼 한국과 사우디의 교역은 국제유가와 같은 외부 요인의 영향을 받지만, 꾸준한 성장세를 보여주고 있다. 한국은 중동에서의 영향력을 강화하기 위해 사우디와의 전략적 파트너십을 지속적으로 확대하고 있으며, 사우디와의 협력은 한국의 중동 외교 및 경제 전략에서 중요한 축을 형성하고 있다.

두바이 vs 리야드,
아랍 최고의 도시는 어디?

중동을 대표하는 두 도시답게, 경제를 중요시한다면 아랍에미리트의 경제 수도인 두바이(Dubai)가, 정치를 중요시한다면 아랍권의 맹주이자 큰형님 나라인 사우디아라비아 수도 '리야드(Riyadh)'가 손꼽힐 것이다. 아랍의 촌구석이던 두바이가 현재의 위치를 차지하게 된 지 20년이 채 안 됐다는 것을 감안하면 리야드 입장에서는 두바이의 부상이 썩 반갑지 않을 것이다.

빈 살만의 도전장

그런 위기 의식 때문인지 사우디의 수도 리야드는 최근 몇 년간 대대적인 변화를 겪고 있다. 무함마드 빈 살만 왕세자가 주도하는 '비전 2030'의 핵심축 중 하나가 리야드이기 때문이다. 이 프로젝트는 사우디의 수도이자 중심지인 리야드가 든든하게 받쳐줘야 계획을 성공시킬 수 있다.

이를 위해 현재 리야드는 다양한 대형 프로젝트를 추진하고 있다. 예를 들어 리야드 메트로 프로젝트는 180km의 지하철 노선을 구축하여 도시 교통을 혁신하려는 계획이다.

또한 킹살만 에너지 공원과 같은 산업 단지를 개발하여 경제 성장을 촉진하고 있다. 원래 있던 리야드 공항을 대체하는 초대형 신공항 건설도 추진 중이다. 이처럼 산업·문화·관광 등 다양한 분야에서 리야드는 신사업을 벌이고 있다.

리야드는 특히 2030년 세계박람회(EXPO) 개최가 확정되며 도시의 위상을 더욱 높였다. 사우디의 비전 2030과 연계되어 있는 이번 엑스포는 경제 다각화, 지속 가능성, 혁신을 중점으로 2028년까지 모든 준비가 완료될 예정이다. 사우디 정부는 78억 달러(한화 약 10조 5,000억 원)를 투입하여 리야드의 인프라를 확충하고, 20만 개 이상의 일자리 창출을 목표로 하고 있다.

엑스포에는 195개국이 참여할 예정이며, 4천만 명의 방문객과 1억 명의 메타버스 이용자를 예상하고 있다. 이 행사를 통해 사우디는 지속 가능한 도시 개발, 청정 에너지, 스마트 기술 등을 선보일 계획이다.

두바이와 리야드의 강점

두바이는 아랍권의 금융 중심지로, 여러 다국적 기업의 중동 지사가 위치해 있다. 자유무역지대와 혁신적인 비즈니스 환경 덕분에 두바이는 글로벌 경제의 중심지로 성장했다. 예를 들어 2024년 두바이는 약 6만여 개의 신규 비즈니스 라이선스를 발급하며, 전년 대비 9% 증가한 기록을 세웠다.

두바이는 또한 관광 명소로서 버즈 칼리파, 팜 주메이라, 두바이 몰 등 세계적인 랜드마크를 보유하고 있다. 매년 많은 관광객이 두바이를 방문하며, 2024년에는 약 1,872만 명의 관광객이 두바이를 찾았다. 두바이 국제공항 역시 2024년 약 1억 명의 승객을 처리하며 세계에서 가장 분주한 공항으로서의 위상을 유지했다.

반면 리야드는 풍부한 석유 자원과 강력한 정부 지원

을 바탕으로 빠르게 성장하고 있다. 예를 들어, 사우디아라비아의 비전 2030 프로젝트는 리야드의 GDP를 2030년까지 두 배로 늘리는 것을 목표로 하고 있다.

앞서 서술했던 리야드 메트로 프로젝트와 같은 대형 인프라 사업을 통해 미래 도시로의 도약을 준비하고 있으며, 킹 압둘라 파이낸셜 디스트릭트(KAFD)와 같은 대형 금융 허브를 개발하여 금융 산업을 강화하고 있다.

현재 두바이의 인구는 약 400만 명으로, 그중 90%가 외국인이다. 현지인 비율은 약 10% 비율 남짓이다. 반면, 리야드는 약 750만 명의 인구를 가지고 있으며 이 중 30%가 외국인이다.

외국인이 많다는 것은 글로벌 스탠다드를 추구한다는 지표가 될 수도 있지만 국가동력이 외부 요인에 휘둘릴 수도 있다는 취약점도 있다. 이렇듯 두바이와 리야드는 각각 다양한 문화와 인구 구성을 통해 각자의 강점을 가지고 있다.

리야드가 두바이를 꺾을 수 없는 이유

두바이는 이미 국제사회에서 확고한 입지를 다지고

있다. 두바이의 개방적이고 혁신적인 비즈니스 환경은 전 세계 기업들에게 매력적으로 다가가고 있다. 2024년 두바이 국제금융센터(DIFC)는 820개의 신규 기업을 유치했고 전년 대비 24% 증가한 총 6,000개 이상의 기업이 활동하고 있다.

또한 두바이는 이미 다양한 인프라와 서비스를 갖추고 있어 글로벌 경제의 중심지로 자리 잡았다. 반면, 리야드는 국제적 인지도가 그렇게 높지 않고, 보수적인 사회문화로 인해 외국인 투자자들에게 아직 제한적이다. 일례로 사우디에서 여성이 홀로 운전을 할 수 있게 바뀐 것이 10년도 되지 않았다. 갈 길이 멀다는 것이다.

관광 인프라 문제도 있다. 현재 두바이의 관광 인프라는 리야드와 비교할 수 없을 정도로 발달돼 있다. 두바이는 이미 관광 명소로서의 명성을 얻고 있으며 2024년 두바이의 호텔 숙박객 수는 약 2,500만 명을 기록했다. 옆나라 카타르에서 지난 2022년 월드컵이 열렸을 당시에도 많은 사람들이 호텔이 부족한 도하를 벗어나 두바이에 머물렀다. 반면, 리야드는 아직 관광지로서의 매력을 충분히 갖추지 못했다는 평가다.

두바이는 외국인 투자에서도 강점을 보이고 있다. 최

대 10년간 마음껏 거주할 수 있는 갱신형 영주권 골든비자 제도를 운영하고, 외국인도 부동산 소유를 자유롭게 할 수 있는 제도가 있다. 반면 리야드는 많이 좋아지고는 있다고 하나 관련 법과 글로벌 스탠다드 제도의 미비 등 더 많은 노력이 필요하다. 예를 들어 사우디는 2021년부터 외국인의 부동산 소유를 허용했지만, 여전히 특정 지역에서의 토지 구매 제한과 복잡한 투자 승인 절차가 걸림돌로 작용하고 있다.

리야드에 그래도 기회가 있는 이유

리야드의 강점은 사우디의 정치적, 경제적 중심지 역할을 하면서 사우디의 국력이 집중될 수 있다는 것이다. 무함마드 빈 살만 왕세자의 비전 2030 프로젝트는 리야드를 글로벌 도시로 만들기 위한 야심 찬 계획을 담고 있다. 이를 통해 리야드는 경제 다변화와 외국인 투자 유치를 목표로 하고 있다. 예를 들어 2022년 리야드는 약 100억 달러 규모의 외국인 직접투자를 유치했다.

또한 리야드에는 있지만 두바이에는 없는 것이 바로 풍부한 석유 자원이다. 사우디는 세계 최대의 석유 생산국 중 하나로, 이는 리야드가 장기적으로 성장할 수 있는 기반이 된다. 같은 산유국이지만 아랍에미리트에서 생산되는 석유의 대부분이 아부다비로 가는 것과는 대비되는 부분이다. 또한 두바이가 세계에서 가장 높은 버즈 칼리파 빌딩, 인공섬 팜 주메이라 등 대규모 인프라 프로젝트를 통해 발전한 것을 참조해서 리야드도 유사한 길을 걷고 있다.

빈 살만 왕세자는 리야드를 글로벌 물류 허브로 만들기 위해 노력 중이다. 리야드 에어와 같은 새로운 항공사의 설립은 리야드를 중동과 아프리카, 아시아를 연결하는 주요 거점으로 발전시키려는 노력의 일환이다. 빈 살만의 강력한 리더십과 비전이 최소 10년에서 20년 동안 계속 지속된다면 리야드가 두바이를 넘어서게 되는 건 시간문제라고 전문가들이 말하는 이유다.

2030년 이후의 리야드가 기대된다

리야드와 두바이는 각기 다른 강점을 가지고 있으며, 아랍권 최고의 도시를 향한 경쟁은 계속되고 있다. 두바이는 이미 글로벌 허브로 자리 잡았으나, 리야드는 강력한 정부 지원과 풍부한 자원을 바탕으로 빠르게 성장하고 있다.

다른 경쟁자들도 주목할 만하다. 두바이와 한솥밥을 먹는 아랍에미리트의 수도 아부다비는 안정감 있고 빠르게 성장하고 있으며, 카타르의 도하 또한 2022년 월드컵 개최 이후 국제적인 인지도가 확 높아졌다. 치안도 좋고 도시의 잠재력도 충분하다. 사회망과 인프라 그리고 제도만 더 뒷받침된다면 언제든지 아랍 제1의 도시로 떠오를 수 있다.

개인적으로 리야드가 두바이를 뛰어넘을 가능성은 충분하다고 본다. 그러나 그 시기는 무함마드 빈 살만 왕세자의 건강, 권력, 의지, 그리고 복잡한 세계 정세에 따라 달라질 수 있을 것이다.

빈 살만이 비전 2030 프로젝트를 성공적으로 추진하고 2030년 세계박람회를 성공시키는 등 리야드를 지속적으로 발전시킨다면, 2030년 이후에 두바이를 능가하는 도시로 성장할 수 있을 것이다. 그때가 되면 필자도 두바이를 떠나 더 좋은 조건으로 리야드에서 일하고 있을지도 모르겠다.

작지만 강한 나라
카타르가 살아남는 법

　　　　　　중동의 작은 나라 카타르(Qatar)는 한국과 특별한 관계를 맺고 있다. 작은 국토 크기에 비해 우리나라에 잘 알려진 나라기도 하다. 1993년 10월 28일, 수도 도하에서 열린 1994 월드컵 아시아 지역 최종 예선 마지막 경기에서 종료 1분을 앞두고 마지막 본선 진출권의 주인이 일본에서 대한민국으로 뒤바뀐 극적인 '도하의 기적'이 열린 곳도 카타르였고, 또한 2022년 월드컵에서 한국이 포르투갈을 2-1로 이기며 16강에 진출하는 쾌거를 이룬 곳도 카타르였다.

　　오늘날 카타르는 천연가스 에너지 부국으로 국민소득이 10만 달러가 넘는 부자나라다. 여기에 중동의 스포츠 강국으로 불릴 만큼 존재감을 키웠고, 이란 핵협상이나 이스라엘과 하마스 간 갈등 조율 등 국제 외교 무대에서도 중재자 역할을 적극적으로 수행하며 '중동의 스위스'라는 별칭까지 얻었다.

현지인 인구가 30만 명도 되지 않는 이 작은 나라가 어떻게 세계 무대에서 정치·경제·스포츠를 아우르는 영향력을 갖게 된 것일까? 카타르가 살아남기 위해 선택한 경제 전략과 외교 노선, 그리고 스포츠를 활용한 국가 브랜드 구축 과정을 살펴보자. 이를 통해 한국에 어떤 시사점을 줄 수 있을지도 함께 생각해보자.

카타르는 어디인가

카타르는 남쪽으로 사우디아라비아와 육상국경을 마주하고, 서쪽으로 바레인, 동쪽으로 아랍에미리트(UAE), 북쪽으로 이란과 바다를 사이에 둔 반도국이다. 국토 면적은 우리나라 경기도보다 약간 큰 수준으로, 중동에서 네 번째로 작은 나라다. 하지만 페르시아만 정중앙에 위치한 입지 덕택에 중동 최대 크기의 미국 공군기지가 위치할 정도로 전략적 요충지로 평가받고 있다.

카타르의 통치는 18세기부터 시작됐다. 지금의 카타

르 왕가인 알사니 가문이 카타르에 정착하면서 이 지역의 패권을 장악했고, 이후 카타르의 역사적 정체성이 형성되었다. 그러다 18세기 말 쿠웨이트가 옆 나라 바레인을 점령하면서 바레인의 알 칼리파 가문과의 오랜 대립이 이어졌다.

19세기 후반 영국이 아라비아반도를 점령하면서 카타르는 바레인과 함께 영국의 간섭을 받게 됐다. 영국은 바레인이 카타르를 사실상 지배하도록 허용했으나, 이에 대한 반발로 카타르는 오스만 제국과의 동맹을 택했다. 하지만 오스만 제국의 영향력이 약화되면서 결국 1916년 카타르는 영국의 보호국이 됐다.

가난한 어촌에 불과했던 카타르는 20세기 중반 천연가스라는 귀중한 자원이 발견된 이후 중동뿐만 아니라 전 세계적으로 경제적 영향력을 확대하기 시작했다. 1971년에는 영국으로부터 독립했고, 이어 UAE 연방 참여도 검토했으나 끝내 이를 거부하면서 독립 국가로서의 길을 걷게 됐다. 현재 인구는 약 280만 명이며, 카타르 국적을 가진 인구는 30만 명이 채 안 되고 나머지는 모두 외국 노동자들이다.

카타르를 먹여 살리는 축

카타르 경제를 떠받치는 가장 중요한 축은 단연 천연가스다. 전체 수출의 대부분이 천연가스와 관련된 에너지 자원에서 나오고 있다. 카타르는 세계에서 세 번째로 많은 천연가스 매장량을 보유하고 있으며, 액화천연가스(LNG) 수출 부문에서는 세계 1위를 차지하고 있다. 특히 북부 해상에 위치한 '노스 필드(North Field)'는 세계 최대 규모의 천연가스전으로 카타르의 '부의 원천'이라 불린다.

국영 에너지 기업 카타르에너지(QatarEnergy)는 전 세계적인 LNG 공급 계약을 체결하며 시장에서 독보적인 영향력을 행사하고 있다. 아시아 국가들을 중심으로 한 장기 공급 계약뿐만 아니라, 최근에는 유럽의 에너지 위기를 틈타 유럽 각국과의 협력도 강화하고 있다. 2023년에는 프랑스와 27년간 LNG 장기 공급 계약을 체결해 매년 최대 350만 톤의 LNG를 프랑스 남부에 공급할 예정이다. 또한 독일과도 15년간 연간 200만 톤의 LNG 공급 계약을 맺어 유럽의 에너지 안보 강화에 기여하고 있다.

이러한 에너지 기반의 부는 카타르 사회 전반에도 큰 영향을 미쳤다. 카타르 국민은 세금을 거의 내지 않으며,

정부는 무료 의료, 교육, 주택 지원 등 다양한 복지 혜택을 제공하고 있다. 국가 전체 인프라 확장과 스마트시티 건설, 관광지 개발에도 이 자본이 투입되며 천연가스는 그야말로 국가 전반을 움직이는 엔진 역할을 하고 있다.

하지만 언제까지 천연가스가 영원하리란 법은 없다. 자원에 의존한 경제는 환율과 국제정세 등 외부 변수에 따라 크게 흔들릴 수밖에 없다. 때문에 카타르는 옆 나라 사우디아라비아가 그랬던 것처럼 자원 의존에서 벗어나기 위한 경제 다변화 전략을 추진하고 있다.

스포츠 굴기 : 아시안컵과 월드컵까지

최근 카타르의 국제적 위상 상승에는 스포츠 분야의 전략적 투자가 큰 역할을 했다는 평가다. 카타르는 천연가스 수출로 축적한 자본을 활용해 스포츠를 국가 브랜드 강화와 외교 수단으로 적극 활용하고 있다. 스포츠는 정치 갈등을 피할 수 있고 동시에 세계적 주목을 받을 수 있는 가장 효과적인 수단 중 하나이기 때문이다.

카타르가 본격적으로 '스포츠 굴기'에 나선 건 2006년 도하 아시안게임부터다. 이후 2011년 AFC 아시안컵,

2015년 세계 핸드볼 선수권대회, 2019년 세계 육상선수권대회, 2022년 FIFA 월드컵 등 다양한 국제 스포츠 대회를 유치하며 존재감을 키워왔다. 특히 2022년 월드컵은 중동 최초의 대회로, 개최 전부터 전 세계의 이목이 집중됐고, 카타르는 이를 통해 자국의 현대화된 인프라, 조직력, 문화적 정체성을 전 세계에 알리는 데 성공했다.

실제로 카타르는 월드컵 개최를 위해 약 2,200억 달러(한화 약 290조 원)에 달하는 예산을 투입했으며, 이는 역대 월드컵 중 가장 큰 규모였다. 인프라도 크게 개선되어 수도 도하 전체에 메트로를 깔고, 하마드 국제공항을 확장했으며, 최신식 경기장 8곳을 새로 지었다. 이 월드컵을 기점으로 폐쇄적인 카타르의 정책이 개혁 개방으로 가게 되는 단초를 얻었다는 평가를 받는다.

또한 카타르는 2004년 아스파이어 아카데미(Aspire academy)를 통해 엘리트 체육 인재를 육성하고 있다. 이 아카데미는 단순한 스포츠 학교를 넘어 각국 유망 선수들을 훈련시키는 국제 네트워크 허브로 발전해왔다. 대표적인 졸업생으로는 카타르 국가대표로 활약하며 2019년 AFC 아시안컵 우승의 주역이 된 알모에즈 알리(Almoez Ali), 2022년 FIFA 월드컵에서 활약한 아크람 아피프(Akram

Afif) 등이 있다. 그리고 이 전폭적인 투자는 2023년 카타르가 AFC 아시안컵에서 우승하게 만드는 원동력이 됐다.

현재는 카타르 자본의 잉글랜드 프리미어 리그(EPL) 일부 명문구단 인수설이 지속적으로 제기되는 중이다. 토트넘, 맨체스터 유나이티드 등이 물망에 올랐다가 폐기됐다가 다시 오르는 등 현재에도 숱한 떡밥을 던져가면서 축구 팬들을 잠 못 이루게 하고 있다. 이를 통해 글로벌 스포츠 산업 내 입지를 확대하려 하고 있으며 더불어 카타르는 향후 2030년 아시안게임과 올림픽 유치를 목표로 중장기적인 준비를 이어가고 있다.

균형 외교의 달인, 카타르

카타르는 중동 국가들 가운데에서도 미국과 이란 양측 모두와 우호적인 관계를 유지하는 드문 국가다. 이러한 독특한 위치 덕분에 미국과 이란이 핵 협상을 시작할 때 협상 장소로 카타르가 선택됐다. 이스라엘-하마스 전쟁에서도 카타르는 하마스의 정치적 후견인으로서의 역할을 유지하는 한편, 동시에 미국과 이스라엘과의 외교 채널도 이어가는 모습을 보여줬다.

이스라엘의 정보기관 모사드(Mossad)는 통상적으로 전 세계 어디에서든 목표 인물을 제거하는 것으로 알려져 있으나, 카타르 내부에서는 하마스 고위 인사들을 직접 겨냥하지 않는다는 암묵적 합의가 존재해 왔다. 이는 카타르가 하마스와 미국, 이스라엘 사이에서 중재자 역할을 수행하는 안전지대로 기능해 왔기 때문이다. 그러나 2025년 9월 10일, 이스라엘이 도하에서 하마스 지도부를 표적으로 한 공습을 단행하면서 이러한 균형은 흔들리기 시작했다. 카타르는 이를 자국 주권 침해로 강하게 규탄했지만, 동시에 이 사건은 카타르의 중재자적 입지가 언제든 도전에 직면할 수 있음을 보여줬다.

이처럼 균형 외교는 때로는 성과를 낳지만, 다른 한편으로는 갈등과 압박을 불러오기도 한다. 또 다른 대표적인 사례가 2017년 아랍 주요 국가 단교 사태다. 당시 카타르와 이란의 우호 관계가 문제가 되어 사우디아라비아, 아랍에미리트(UAE), 바레인, 이집트 등 걸프협력회의(GCC) 주요 국가들이 카타르와 단교를 선언했다. 이들 국가는 카타르가 이란과 테러 조직을 지원한다고 주장하며 육로와 항공로를 차단하고 경제 봉쇄 조치를 취했다.

단교 조치가 공식 철회된 것은 2021년 알울라 협정을 통해서였다. 그때까지 카타르는 수년간 고립과 경제 압박 속에서 힘든 시기를 보냈다. 필수 물자 부족과 항공로 폐쇄로 인해 물류가 끊기고, 경제적 타격이 현실화되면서 사회적 불안감이 커졌다. 그럼에도 불구하고 카타르는 터키와 이란으로부터 필수 물자를 수입하며 경제적 충격을 최소화하고, 미국과의 군사 협력을 강화하며 안보 불안을 해소하는 등 다각적인 노력을 기울였다. 쉽지 않은 과정이었지만, 카타르는 이러한 외교적 위기를 균형 외교와 경제 다변화 노력으로 버텨냈다고 평가받고 있다.

카타르는 이러한 위기 극복 후에도 중재자 역할을 포기하지 않았다. 오히려 스포츠와 문화 교류를 확대하면서 자국의 긍정적 이미지 구축에 더욱 박차를 가했다. 국제 스포츠 대회를 적극적으로 유치하며 자국 이미지를 평화롭고 개방적인 국가로 홍보했고, 2022 월드컵을 통해 중동 최초의 월드컵 개최국이라는 상징성을 확보하며 국가 브랜드 가치를 높였다. 이러한 스포츠 외교는 카타르가 국제사회에서 긍정적 이미지를 구축하는 데 큰 역할을 했다.

작지만 강한 국방력의 이유

카타르는 중동의 작은 반도국이지만, 군사적 요충지로서 전략적 가치를 활용하며 국방을 강화해왔다. 페르시아만 한가운데 위치했다는 지리적 이점을 활용해 미국과의 군사 협력을 최대한 활용하고 있다. 카타르에 위치한 '알 우데이드 공군기지(Al Udeid Air Base)'는 중동 최대 규모의 미 공군기지로, 카타르가 미국과의 안보 동맹을 강화하는 데 중요한 역할을 한다. 알 우데이드 공군기지는 약 1만 명의 미군 병력이 주둔하며, 장거리 전략 폭격기와 공중급유기 등 핵심 전력을 배치할 수 있는 시설을 갖춘 중동 거점 기지로 평가받고 있다.

카타르는 자체 군사력 강화에도 주력하고 있다. 2017년 사우디아라비아 등 주변 국가들로부터 단교 조치를 당한 이후부터 위기의식을 느껴 국방력을 증대시키는 중이다. 이를 위해 프랑스와 영국으로부터 최신 전투기와 군함을 대거 도입하고, 튀르키예와의 군사 협력을 강화하여 튀르키예군 주둔 기지를 설립했다. 이러한 국방 강화 노력은 카타르가 외부 압력에도 독립성을 유지할 수 있는 기반이 되고 있다.

카타르의 군사력은 국토 면적과 인구 규모에 비해 상당히 강력한 편으로 평가된다. 카타르는 2024년 기준 GDP 대비 국방비 비중이 약 7%로 세계에서 일곱 번째로 높은 수준이다. 최신 무기 도입과 전차 및 자주포 현대화 등을 통해 공군과 육군 전력을 동시에 강화하고 있으며, 주변 국가와 비교했을 때 작지만 효율적인 군사력을 보유하고 있다는 평가를 받고 있다. 동시에 외국인 비율이 높아 현지 병력 확보가 어려운 현실을 극복하기 위해 전문 인력을 활용한 연합 작전 능력 강화에도 집중하고 있다.

천연가스 너머를 바라보다

카타르는 전 세계에서 세 번째로 많은 천연가스 매장량을 보유한 자원 부국이다. 하지만 자원 의존도를 줄이기 위한 산업 다변화 전략을 적극 추진하고 있다.

먼저 금융 허브로의 도약을 목표로 '카타르 파이낸셜 센터(QFC)'를 설립한 것이 예다. QFC는 세제 혜택과 법률 보호를 통해 글로벌 금융 기업의 유치를 적극적으로 추진하고 있으며, 핀테크와 그린 파이낸스 분야를 집중 육성하여 지속 가능한 금융 생태계를 조성하고 있다.

현재 많은 글로벌 투자은행과 핀테크 스타트업들이 QFC를 거점으로 삼아 중동 지역 금융 네트워크를 확장하고 있는 추세다. 2023년 기준으로 QFC에 등록된 기업 수는 1,200개를 넘어섰으며 이를 통해 카타르는 옆 나라 경쟁자인 두바이와 아부다비를 견제하는 동시에 새로운 금융 허브로 도약하고 있다.

또한 첨단 기술 산업 육성에도 주력하고 있다. '카타르 재단(Qatar Foundation)'을 중심으로 교육과 연구 개발에 대규모 투자를 진행하며, 에듀케이션 시티(Education City)를 통해 미국 코넬대학교, 카네기멜론대학교, 조지타운대학교 등 세계 유수 대학들을 유치했다. 이를 통해 인공지능(AI), 스마트시티 기술 등 첨단 산업 분야에서의 혁신과 인재 양성에 집중하고 있다.

여기에 관광 산업 활성화를 위해 월드컵을 계기로 조성된 최신 인프라를 바탕으로 박물관, 전통시장, 현대적인 쇼핑몰을 결합한 복합 관광 단지를 개발하고 있는 중이다. 문화예술에도 관심이 많아 각종 이슬람 예술 페스티벌을 선보이고, 현대 미술 전시회와 음악 축제 등을 개최하여 문화적 다양성을 강조하면서 중동의 문화 허브로 도약하려고 있다.

"안주하면 안 된다" 한국에 주는 시사점

이처럼 카타르는 외교적 균형 감각, 군사적 독립성 강화, 산업 다변화 추진을 통해 생존 전략을 구축해 나가고 있다. 단순히 자원을 기반으로 한 부유함이 아니라 지속 가능한 국가 성장 모델을 모색하는 모습이다.

우리나라 역시 국제 정세 변화에 민감한 국가로서 다변화된 경제 전략과 외교적 유연성이 매우 요구되는 국가다. 특히 팔레스타인 하마스와 가까우면서도 미국과 이스라엘과 척지지 않았던 카타르의 뛰어난 외교력은 한국이 참고할 만하다.

솔직히 카타르가 앞으로 천연가스를 넘어선 경제 구조를 얼마나 잘 구축할 수 있을지는 미지수다. 그러나 분명한 점은 그들도 당장 급하지 않아 보이지만 생존을 위해 끊임없이 몸부림치고 있다는 점이다. 이렇게 카타르 같은 부유한 나라도 불확실한 미래를 대비해 끊임없이 전략을 고민하는데, 가진 자원 하나 없이 기술력만으로 승부를 봐야 하는 한국은 지금 올바른 방향으로 나아가고 있는 것일까? 진지하게 점검해야 할 때다.

왜 잘나갔던 중동 제국들의 후손은
가난할까?

퀴즈 하나. 독자들은 혹시 '사나'란 말을 들었을 때 무엇이 떠오르는가. 혹시 걸그룹 트와이스 멤버 사나를 생각했나? 틀린 것은 아니지만, 내가 의도한 답은 아니다. 사실 이곳 중동에서는 "사나가 뭔지 알아?"라고 묻는다면 열에 아홉은 트와이스 사나가 아닌 아라비아반도 남쪽에 위치한 예멘의 수도 '사나(Sana'a)'를 답할 것이다.

사나가 어디인지 모른다면 '다마스쿠스(Damascus)'나 '이스파한(Esfahan)'은 혹시 들어봤나. 사실 중동 역사나 지리에 밝지 않은 사람이라면 이 도시들을 모두 알기란 쉽지 않을 것이다. 하지만 이 도시들은 인류 역사에서 빼놓을 수 없는 중요한 곳들이다.

지금 잘나가는 중동의 두바이나 카타르가 이름조차 없던 작은 마을에 불과했을 때, 이 도시들은 정말로 찬란한 문명을 자랑했고 수많은 사람들이 무역을 하며 거대한 공간을 이룬 메가폴리스였다.

여기서부터 궁금증이 생긴다. 왜 잘나갔던 이들이 지금은 이렇게 철저히 몰락했을까. 그리고 그때 듣보잡에 불과했던 두바이나 카타르, 리야드는 왜 이렇게 잘나가고 있나?

단순히 석유 때문이라 하기엔 뭔가 부족하다. 분명 다른 이유도 있을 것이다. 그렇다면 이 도시들도 언젠가는 철저히 망하는 것이 수순일까. 그렇다면 그 이유는 무엇일까?

과거의 중동 탑티어 도시들: 시바의 여왕이 활약했던 그곳

사나는 기원전 1,000년경부터 세워진 유서 깊은 도시다. 고대 사바 왕국부터 중세의 자이디 이맘국, 북예멘, 현대 예멘까지 3,000년 가까이 수도 지위를 누렸으며, 홍해와 내륙의 고대 도시 마리브 사이에 위치한 지정학적 이점 때문에 상업적으로 크게 번영했다.

많은 문학작품과 뮤지컬로도 유명한 〈시바의 여왕〉을 들어봤는가. 솔로몬이 한눈에 반해 죽는 날까지 열렬히 사랑했다는 전설 속의 여왕이다. 그녀는 당시 솔로몬의 명성을 듣고 그의 지혜를 시험하기 위해 직접 그가 있는 예루살렘까지 행차했다고 한다. 많은 역사학자들은 이 시바의 여왕이 활약했던 곳이 바로 고대 예멘의 사나였다고 보고 있다.

우리나라가 고려 말기였던 지난 14세기, 사나를 방문한 이븐 바투타는 '사나는 비가 많이 내리는 도시이며 도로를 비롯한 건물들이 빈틈없이 포장되어 있다. 비가 내리면 도로와 건물들이 깨끗하게 청소가 된다'고 기록했다. 이미 14세기에 배수 시설이 완벽하게 구비되어 있었다는 뜻이다. 도시 전체가 문화유산으로 가득 찬 곳이기에 현재 사나의 구시가지는 유네스코 세계유산에 등록되어 있다.

나는 가끔 예멘 영공을 지날 때 비행기 조종석 안에서 사나의 전성기를 상상하곤 한다. 밤하늘에서 내려다보면 도시의 불빛이 참 아름답다. 언젠가는 시바의 여왕이 황금을 쌓아 놓고 솔로몬의 지혜를 시험하기 위해 여행 준비를 하던 그 사나의 거리를 걷고 싶다는 소망이 있다.

모든 길은 다마스쿠스로 모인다

시리아의 수도인 다마스쿠스 얘기도 해보겠다. 『아라비안 나이트』에 단골로 나오는 도시 다마스쿠스는 인간이 꾸준히 거주해 온 가장 오래된 도시로 알려져 있다. 다마스쿠스는 이미 4,000년 전부터 레반트 지역의 대도시였으며, 메소포타미아의 수메르, 바빌론 등과 페니키아의 해안 도시를 잇는 대상들의 무역로에 위치해 막대한 이익을 얻으며 번성했다. 나중에 이슬람 정복 후로는 우마이야 왕조의 수도로 번영했다. 한마디로 바빌로니아와 더불어 고대 메소포타미아 세계의 대표적인 도시였다.

다마스쿠스는 인류 문명이 시작된 중동 지역의 핵심 도시로 번영해왔다. 오랜 역사가 깃들어 있어서 그냥 도시 전체가 전부 다 문화재다. 영어에선 인생에서의 갑작스러운 전환점을 가르켜 '다마스쿠스로 가는 길(Road to Damascus)'이라고 한다. 사도 바울이 원래 기독교를 탄압하다가 다마스쿠스 여행 중에 회심하여 기독교를 믿게 된 것을 두고 '평소 행실이 나쁜 사람이 어떤 일을 계기로 마음을 고쳐먹고 갑자기 크게 달라지는 순간'을 일컫는 말이다.

십자군 전쟁 때 이슬람 세계의 영웅 살라딘 장군이 활약한 곳도 이 다마스쿠스다. 도시를 걷다 보면 4,000년 전부터 이어진 인류의 흔적이 보인다. 이 도시는 메소포타미아 문명부터 시작해 로마 시대의 유적과 이슬람 왕조들의 유적이 모두 존재하는, 돈으로 따질 수 없는 인류의 귀중한 자산이다.

이슬람 황금기를 이끈 바그다드

다마스쿠스 다음에는 바그다드(Baghdad) 차례다. 현재 이라크의 수도인 바그다드는 티그리스 강을 끼고 있어 세계 최초로 정착 농경이 발생한 지역이자 세계 최초의 문명인 메소포타미아 문명의 발원지다. 당대 명칭은 '마디나트 알 살람', 즉 '평화의 도시'였다. 바그다드는 메소포타미아 중심부에 자리한 도시로 고대부터 중요한 역할을 했다. 바빌론은 바빌로니아의 도읍으로 번창했고, 셀레우키아는 셀레우코스 왕조의 중심지로 번성했으며, 크테시폰은 파르티아 제국과 페르시아 제국의 수도로 번영했는데 모두 바그다드와 가까운 곳에 있었다.

바그다드가 역사의 전면에 떠오른 것은 762년 압바스

왕조의 수도가 되면서부터다. 압바스 왕조는 750년에 우마이야 왕조를 멸망시키고 이슬람 세계를 장악하면서 바그다드를 중심으로 세상을 지배했다. 이후 500여 년간 바그다드는 이슬람 문명의 중심지로 찬란한 영화를 누렸다.

전성기 당시 바그다드는 전 세계 지식의 수도요, 풍요로운 문학의 중심지요, 노래와 음악의 도시였다. 바그다드를 기반으로 하는 압바스 왕조의 칼리프는 전 세계 상인과 학자, 장인들을 바그다드로 두 팔 벌려 환영했고, 종교의 차별을 두지 않았다.

이러한 바그다드의 위대함을 알려주는 존재가 바로 '지혜의 집(House of Wisdom)'이다. 중세 학문의 중심지였으며, 당대 유럽-중동권의 모든 지식을 집대성하는 데 성공했다고 평가받는 지혜의 집은 조선 후기의 규장각과 비슷한 도서관이다. 이는 중세 학문의 중심지 중 하나이자 이슬람 황금기의 원동력이었다.

당시 칼리프는 종교와 민족에 상관없이 적극적으로 학자들을 바그다드로 끌어들였고, 세계적인 호응을 이끌어 냈다. 그 결과 지혜의 집은 수많은 인재들이 편안한 환경에서 실험과 토론을 하는 집단 연구소로 거듭나게 되었다.

제국 각지에서 몰려든 학자들은 지혜의 집에서 수많은 고대 그리스 서적을 아랍어로 번역했고, 연금술을 연구하여 근대 화학의 기초를 다졌다. 그 외에도 지혜의 집은 의학, 철학, 건축학, 생물학, 신학 등 헬레니즘 시대와 로마, 페르시아 시대를 거치며 축적된 지식을 집대성하면서 고대로부터 내려온 인류의 지식이 끊이지 않고 무사히 중세와 근대까지 전해질 수 있는 역할을 했다. 그 결과 바그다드는 당시 중국 당나라의 장안, 동로마 제국의 콘스탄티노플과 더불어 '세계 3대 도시'로 인구가 200만 명에 달하는 인류 문명의 중심지가 되었다. 엄청난 부와 지식, 쾌락과 유흥이 넘치는 바그다드. 모험과 신비, 화려함과 성적 이미지로 채워진 『아라비안 나이트』는 바로 이러한 배경에서 탄생한 것이다.

바그다드의 전성기는 1285년 몽골군의 침입과 함께 끝났다. 시가지 대부분이 폐허로 변했고, 이어 1401년 티무르 제국의 공격으로 재기불능 상태가 되었다. 이때 지혜의 집을 비롯한 찬란했던 많은 인류의 유산이 소실되었다. 안타까운 일이다.

가끔 비행하면서 이라크 영공을 지날 때, 유유히 바그다드를 가로지르는 티그리스와 유프라테스강을 바라보며 찬란했던 문명의 기억을 되새기곤 한다.

잘나가던 그들은 왜 가난해졌을까

중동 지역에는 이렇듯 말만 들어도 가슴이 웅장해지는 인류 역사의 흔적이 가득하다. 이집트 메소포타미아 고대 문명부터 시작해 로마 제국과 대 페르시아 제국 그리고 압바스 왕조, 셀주크 제국, 호라즘 왕조, 티무르 제국 등과 이를 다 통일한 오스만 제국의 흔적까지.

사실 21세기에 들어와서 갑자기 벼락부자가 된 '근본 없는' 두바이 같은 곳과 비교하기 미안할 지경이다. 하지만 현재는 과거의 영광은 온데간데없이 찢어지게 가난하니 참 슬픈 일이다.

부자는 망해도 3년은 간다는데, 현재 중동 국가 중에서 사우디, UAE, 카타르 정도를 제외하면 별로 긍정적인 소식이 들리지 않는 이유가 무엇일까. 선조들이 이렇게 훌륭한 문명을 이룩하고 많은 재산을 축적해 놓았는데, 왜 후손들은 다 까먹고 만 것일까. 이들이 단순히 무식해서일까. 무슨 다른 이유가 있을까.

도시의 흥망성쇠는 결국 국가의 운명과 맞닿아 있다.

그렇다면 국가의 흥망성쇠를 결정하는 가장 핵심 요인은 무엇일까. 이를 두고 지금껏 많은 학자들이 그 이유를 분석해 왔다. 현재 수많은 나라에 빈부격차가 존재하지만 이 중 나는 중동 지역에서 지난날 찬란한 문명을 자랑했으나 지금은 매우 가난한 나라들, 앞서 살펴본 네임드 도시들의 후손들인 예멘(사나), 시리아(다마스쿠스), 이라크(바그다드)에 초점을 맞추고자 한다.

이들은 분명 유리한 위치에 있었고, 선조들이 남겨준 수많은 문화유산과 업적만 잘 활용했어도 현재 지금보다 훨씬 발전했을 것이다. 그런데 왜 그러지 못했을까. 근대에 들어와서 유럽 서구 문명에 밀리고, 왜 지금까지 회복을 못 하고 있는 것일까.

"가난한 건 그들이 기독교를 믿지 않았기 때문"이라는 주장

국가와 국가 간 격차에 대한 첫 번째 견해는 '인종주의'다. 어떤 인종은 특별히 머리가 나쁘고 게으르며 나태하기 때문에 국가가 못 산다는 이야기다. 19세기부터 20세기 초까지 우생학이 굉장히 발전했다. 한마디로 미개한 식민지 사람들을 깨우치게 하기 위해서 백인들이 그 책임을 져야 한다는 말이다. 우리나라에서는 식민지배 시절 일본이 이런 논리를 내세웠다.

우생학의 시대를 지나면서 각 문화와 종교를 이유로 빈부격차를 설명하는 주장이 나왔다. 대표적인 사례가 독일의 사회학자이자 경제학자인 막스 베버(Max Weber, 1864~1920)다. 그는 저서 『프로테스탄트 윤리와 자본주의 정신』에서 "서구의 경제적 발전을 이끈 것은 칼빈주의에 녹아 있는 청교도 정신"이라고 말했다. 베버는 인류 역사를 통틀어 인간이 주문, 기도, 예배를 통해 구원받을 수 있다는 사고방식에서 벗어나는 '세계의 탈주술화 과정'에 주목했다. 그는 이 과정이 헬레니즘 시대의 과학적 사고와 더불어 진전되다가 마침내 청교도 윤리를 지닌 칼빈주의에 이르러 완결되었다고 주장했다.

베버는 예정론적 사고방식이 투철한 직업윤리와 노동윤리를 낳았다는 통찰을 내놓았다. 신의 소명, 곧 직업에 헌신하여 이윤을 얻고, 이 이윤을 조금도 낭비하지 않고 계속 사업에 재투자함으로써 신의 영광을 드러내는 것이 이 세상 사람들이 할 일이라는 것이다. 이 말은 곧 '신에게서 구원을 받기 위해서는 속세에서 어떻게 살아야 하는가'라는 질문에 근면 성실하게 열심히 살아야 한다는 답을 내포한다.

다시 말해 근면한 노동과 금욕주의적 생활의 결과인 이윤 획득과 사업 번창이 신의 구원을 확증해 주는 주관적 근거가 되며, 여기서 자본주의 정신이 형성된다는 의미다.

막스 베버가 『프로테스탄트 윤리와 자본주의 정신』에서 이슬람에 대해 직접적으로 비판한 것은 아니지만, 청교도 윤리와 개인주의적 태도가 자본주의 성장을 촉진시켰다는 주장은 서구 유럽인들이 기독교를 믿지 않는 다른 나라와 문명을 무시하고 그들의 지배를 당연시하는 논리로 사용됐다.

"지리적 환경 때문이다" - 재러드 다이아몬드의 등장

이런 우열에 근거한 문명 간 논리는 20세기 내내 위력을 발휘하다가 현재는 많이 쇠퇴했다. 지배당한 민족이 지배하는 민족에 비해 열등했기 때문이라는 논리에 따르면 열등하지 않은 민족이 없기 때문이다. 예전에 몽골제국에 당했던 수많은 유럽 국가는 몽골 민족보다 열등한 민족이 된다.

기독교 사상에 입각한 막스 베버의 설명도 여러 반례를 제시할 수 있다. 한국, 일본, 중국 같은 동아시아 국가들이 잘살게 된 것이 기독교 국가라서 그런 것은 아니다. 그리고 역사 깊은 기독교 국가인 아프리카의 에티오피아는 왜 여전히 가난할까.

이런 상황에서 20세기 말, 재러드 다이아몬드 미국 UCLA 교수가 등장한다. 그리고 그는 '지리적 요인'을 주장하며 전 세계적으로 센세이션을 일으켰다.

우리에게도 익숙한 베스트셀러『총, 균, 쇠』에서 그는 "문명이 다른 문명을 앞서는 것이 인종적으로 누가 더 특별히 잘나고 또 뛰어나서가 아닌, 지리적인 환경 덕분"이라고 말한다.

이 지리적 요건에 대한 핵심은, 마치 스타크래프트 게임에 비유하자면 '스타팅 포인트를 어디로 배정받았나'가 가장 중요하다는 의미다. 서로 본진이 너무 가까우면 초반 저글링 러시나 벙커링에 취약하다. 다시 말해 국가 간 흥망은 어느 정도 '운'에 기인한다는 것이다.

책에 따르면 우리 인류 문명의 시작은 중동 지역에서 시작됐다. 유라시아 대륙 한복판인 티그리스와 유프라테스강 사이의 '비옥한 초승달 지대'에서 식물의 작물화와 동물의 가축화가 일어나고 농경기술이 발전했다.

유라시아 대륙은 가로로 넓게 퍼져 있기 때문에 이런

농경기술이 널리 퍼질 수 있었다. 농경기술이 발전하니 집단생활이 이뤄지고, 문화와 정치 제도가 발전하면서 산업화가 가속되어 결국 이 지역에 위치한 나라들은 잘살게 되었다.

반면 세로로 길게 퍼져 있는 아메리카 대륙의 경우, 아즈텍이나 마야 같은 문명이 지리적 여건상 위아래로 퍼질 기회가 없었다. 무엇보다 책은 유럽 지배자들이 남미를 정복할 때 익숙하지 않은 '균' 때문에 이들이 멸망했다는 내용을 담고 있다.

그렇다면 왜 처음부터 '사기급' 스타팅 포인트를 받은 중동의 비옥한 초승달 지대가 몰락하고 끝내 서유럽에 밀리게 되었을까. 다이아몬드 교수는 이를 두고 '환경을 파괴시킨 인간들의 전형적인 말로를 보여주는 사례'라고 설명한다.

초기의 인류는 농사를 짓기 위해 벌목을 단행했다. 또한 주요한 가축인 염소를 방목하여 염소들이 자유롭게 풀을 뜯게 했다. 나무와 풀이 서서히 사라지자 토양이 침식되기 시작했다.

토양이 침식되자 원래부터 강우량이 적었던 비옥한 초승달 지대의 인류는 좀 더 효율적인 농업을 위해 관개

농업을 시작했다. 그리고 이 관개농업은 토양의 염분 축적을 불러왔다.

이 과정이 반복되면서 식물이 다시 자라는 속도가 파괴되는 속도를 따라가지 못하게 되었고, 이 지역 일대가 빠르게 사막화되기 시작했다. 이런 이유 때문에 비옥한 초승달 지대에서 유럽으로 기술, 작물, 가축, 문자가 퍼졌음에도 불구하고, 힘의 중심은 결국 강우량이 많은 서유럽으로 이동하게 되었다. 결국 일종의 '생태학적 자살'이 일어난 셈이다.

재러드 다이아몬드 교수의 주장은 문화적 우월 같은 인종주의적 사상에 경종을 울리며 '지리적 요건'이라는 새로운 시각을 제시했다는 점에서 큰 의미가 있다. 나 역시 이 책을 참 재미있게 읽었던 기억이 있다. 물론 현재 세계적인 불평등이나 같은 대륙 내 국가 간 빈부격차를 설명하는 데는 조금 부족하다고 느꼈지만, 그럼에도 매우 매력적이고 흥미로운 책임은 틀림없다.

제도가 모든 걸 좌우한다

1997년에 출간된 『총, 균, 쇠』가 선풍적 인기를 끌고 10여 년이 지나자, 또 다른 명저가 등장하며 뜨거운 논쟁을 불러일으켰다. 대런 애쓰모글루와 제임스 A. 로빈슨 교수가 2012년 공동 집필한 『국가는 왜 실패하는가(Why Nations Fail)』이다.

이 책은 여러모로 『총, 균, 쇠』의 다이아몬드 교수와 반대되는 견해를 담고 있다. 저자는 국가 간 불평등에 대한 기존 이론들, 즉 지리적 위치 가설, 문화적 요인 가설 등을 비판하며 국가 간 불평등을 결정하는 가장 중요한 요소는 '정치경제 제도'라고 주장한다.

두 사람은 환경 자원의 차이가 농업 생산력에 영향을 주었고, 이것이 각 대륙이 서로 다른 기술 변화와 번영의 길을 걸었음을 인정하면서도, 환경 자원만으로는 왜 오늘날 같은 대륙 내에서도 나라들 간 소득 격차가 크게 나는지 설명하지 못한다고 지적한다.

이들의 핵심 주장은 포용적인 정치 및 경제체제가 국가의 성공을 결정한다는 것이다. 다원주의 정치 제도가 가능하고 개인의 소유권을 인정하는 시장 경제체제를 갖추고 있을 때 비로소 국가는 번영할 수 있다. 반면, 극소수의 엘리트가 국부를 독점하고 권력을 쥐는 착취적인 정치, 경제체제하에서는 대부분의 인구가 노동 생산성을 높이는 데 관심을 가지지 않으며 국가는 쇠퇴하게 된다는 주장이다.

이렇게 『국가는 왜 실패하는가』는 내가 가졌던 '왜 중동 내 어떤 나라는 가난하고 어떤 나라는 잘사는가', 그리고 '왜 과거에 그렇게 잘나갔던 제국의 후손들이 현대에 몰락했는가'에 대한 의문을 '포용적 정치 경제제도의 부재 때문'이라는 답변으로 설명한다.

내전으로 철저히 몰락한 예멘

앞서 언급한 예멘의 사나는 이슬람 세계가 팽창하는 동안 평화와 번영의 시대를 구가했고, 이슬람 세계에서 가장 규모가 큰 정치·종교적 중심지 중 하나였다. 하지만 칼리파 체제가 들어서면서 사나는 쇠퇴하게 되었다. 이후 세계사의 '악의 축'으로 등장한 영국이 본격적으로 몰락시켰다.

1839년, 아덴을 노린 영국은 남예멘 지역을 무력으로 점령한 뒤 나라를 두 개로 분단시켰다. 반면 오스만 제국의 지배를 계속 받던 북예멘은 1918년, 오스만 제국이 제1차 세계대전에서 패배하자 '예멘 왕국'이라는 이름으로 독립한다.

이후 남예멘과 북예멘은 끊임없이 내전을 하며 국력을 소모했고, 결국 예멘은 더 이상 일어설 수 없었다.

남예멘과 북예멘은 1970년대 국경 문제로 두 번이나 전면전을 일으켰다. 한국의 6.25 전쟁이 10년도 안 되어 두 번이나 터진 셈이다. 이후 1990년, 남북 협상에 의해 무혈 통일되었고, 초대 대통령으로 북예멘의 알리 압둘라 살레 대통령이 선출되었다. 그러나 얼마 지나지 않아 정부 요직 분배 문제로 이견이 생기면서 전면적인 내전이 또 일어났다.

결국 나라는 완전히 붕괴됐다. 예멘의 2024년 1인당 GDP는 IMF 통계 기준으로 고작 570달러에 불과하며, 세계 195개국 중 187위로 전락하고 말았다. 국민의 38%가 절대 빈곤 상태에 처해 있고, 청년 실업률은 70%에 달하며 아랍 국가 중 최빈국으로 전락한 상태다.

수도 사나도 지속적인 내전으로 인해 2010년 이후 후티 반군이 점령하였고, 정부군이 쫓겨나면서 많은 귀중한 유적들이 파괴되었다.

좋은 정치제도가 가능하기 위해서는 국가의 안정이 최우선이다. 국가의 최소한의 안정조차 유지하지 못하고 내전이 지속되는 예멘에서 발전을 기대하기란 매우 어려운 일이다. 내전은 현재까지도 계속되고 있으며, 예멘 북부에서는 시아파 후티 반군이 활동 중이고, 남부에서는 남예멘의 재분리를 요구하는 분리주의자들, 그리고 혼란을 틈타 침투한 테러 조직 알카에다가 활동하며 혼란이 가중되고 있다. 참으로 안타까운 상황이다.

전쟁의 여파가 너무 깊은 시리아

시리아의 다마스쿠스도 내전에 의해 몰락한 대표적인 도시 중 하나다. 다마스쿠스는 수천 년 동안 실크로드의 다양한 문화와 예술, 종교가 혼재된 도시로 성장하며 3,000년 넘게 중동에서 가장 번성한 도시 중 하나였다.

이곳은 비옥한 토양을 가지고 있었고, 서쪽으로는 지중해와 접하고 동쪽으로는 중동과 이어지는 교통의 요지에 위치하여 지중해의 패권을 차지하려는 강국들의 1순위 타깃이었다. 도시는 로마 제국 시대부터 동로마 제국 초기까지 제국의 재정과 세입을 책임지는 젖줄 역할을 하였다.

다마스쿠스는 750년, 우마이야 왕조의 몰락과 함께 한때 방치된 도시로 전락했지만 이후 다시 번영을 회복했다. 고대 유물과 볼거리로 세계 관광객들의 발길이 지난 2000년대까지 끊이지 않았다.

그러나 2011년, '아랍의 봄*'으로 시리아 내전이 발발하였고, 그 이후 많은 유적이 파괴되었으며 도시는 나락으로 떨어졌다.

시리아 내전은 10년간 약 50만에서 60만 명에 달하는 사망자를 낸 21세기 최악의 내전 중 하나로 기록되고 있다. 거주지를 잃고 떠돌게 된 사람이 1,100만 명에 달하며, 그중 550만 명은 국외로 떠났다. 일부 난민은 한국 정착을 원해 한때 큰 화제가 되기도 했다.

시리아는 현재 한국과 미수교 국가로, 여행금지 구역으로 지정되어 있어 자유로운 방문이 어렵다. 내전 발발 직전 2,200만 명에 달하던 시리아 인구는 현재 1,700만 명으로 줄어들었다. 전체 국민의 90% 이상이 빈곤층에 속하며, 유엔은 전체 내전 피해액을 4,000억 달러(약 446조 원)로 추산하고 있다.

2024년 12월 시리아의 바샤르 알 아사드 정권이 반군

---

* 2010년 튀니지에서 시작된 일련의 반정부 민주화 운동으로, 이후 이집트, 리비아, 시리아, 예멘 등 중동과 북아프리카 여러 국가로 확산됐다. 높은 실업률, 부패, 정치적 억압에 대한 반발이 주요 원인이었다.

의 공세로 붕괴되면서 아사드는 러시아로 망명했다. 이후 반군 수장 아메드 알샤라가 이끄는 과도정부가 수립되고 분열된 시리아 통합에 나선 상황이다. 3월에는 언론의 자유와 삼권분립을 명시한 헌법을 선언했으나 완전한 민주화까지는 갈 길이 멀다.

여담이지만, 시리아의 평화는 옆 나라 사우디에도 매우 중요하다. 네옴이 지어지고 있는 타북(Tabuk) 홍해 지역이 시리아와 인접해 있기 때문에, 시리아의 정세 불안은 네옴에도 영향을 미칠 수 있다. 특히 과도정부 수립 이후에도 완전한 안정화까지는 시간이 필요한 상황이어서, 사우디는 시리아 평화 정착을 위한 외교적 노력을 지속하고 있다.

미군 철수 후 극심한 고통을 겪는 이라크

이라크의 바그다드 역시 비슷한 역사를 가진 도시다. 이라크는 1990년대 걸프 전쟁과 2003년부터 2011년까지 이어진 이라크 전쟁으로 유명하다. 두 번 모두 세계 최강대국인 미국과의 전쟁에서 큰 피해를 입었다는 공통점이 있다.

결국 2003년, 사담 후세인 독재 정권이 붕괴되고 나서 바그다드에 미군이 주둔하게 되었고, 이후 이슬람 반군들과 미군 간의 전투로 인해 도시 곳곳에서 폭탄 테러와 총격전이 빈번하게 발생하는 등 이라크는 극심한 혼란기를 겪었다.

또한 바그다드에는 수니파와 시아파가 혼재되어 살고 있었는데, 이라크 전쟁 이후 미군 주도로 종파 간 갈등이 극도로 치달으며 종파 간 테러와 폭력 사태가 끊이지 않았다. 도시 곳곳에는 종파 간 영역을 나누는 분리 장벽이 설치되는 등 도시 분위기가 매우 살벌해졌다.

이 전쟁은 이후 미군 철수 이후 이라크에 엄청난 후유증을 남겼다. 미국은 이라크를 통치하기 용이하도록 철저히 종파별로 권력을 나누는 전략을 썼다. 하지만 미군 철수 후, 이러한 정책은 엄청난 사회 혼란으로 되돌아왔다.

제대로 된 후속 대책이 없는 상황에서 미군이 갑작스럽게 철수하자 이라크는 권력 공백으로 내분에 휩싸였고, 끝내 이라크 내전과 이슬람국가(ISIS)의 등장을 맞이하게 됐다. 현재까지도 이라크는 부패와 내전에 시달리고 있다.

결국 앞에서 살펴본 나라들 모두 공통적으로 정치 제도가 불안정하다는 특징을 가지고 있다. 정치적으로는 대체로 독재 체제이며, 다양한 내외적 요인으로 독재자는 축출되거나 다른 인물로 교체되지만, 이로 인해 쌓여왔던 갈등이 폭발해 내전이 일어나고 사회에 혼란이 발생하며 갈등이 지속되는 한편, 국가는 제 역할을 하지 못하고 있다.

대런 애쓰모글루와 제임스 A. 로빈슨 교수의 진단에 따르면, 이들 국가는 현재와 같은 착취적 정치경제 제도를 포용적 제도로 바꾸지 않는 한 앞으로도 계속 발전하지 못하고 가난할 것이라는 결론을 내릴 수 있다.

포용적인 경제 제도로 변모하기 위해서는 사유재산권을 보장하고, 공평한 기회를 제공하는 것이 급선무이다. 그리고 무엇보다도 내전을 종식시키고 종파 간 화합을 이루며, 부패 문제를 해결해야 한다. 하지만 현재 이들 국가의 정세를 보면 갈 길이 아직 멀어 보인다.

완전히 풀리지 않은 의문들

그럼에도 불구하고 여전히 풀리지 않는 의문이 남아 있다. 포용적인 정치제도를 갖춘 나라가 잘산다는 것은 '사회와 정치 권력이 잘 분배되어 있으며, 어느 한 기구가 정치권력을 독점하지 않는 나라'라는 의미이다. 다시 말해, 견제 가능한 권력이 존재하고, 그것이 의회든 시민 사회든 국가 권력을 견제할 수 있는 건강한 사회라는 것이다.

하지만 현재 중동에서 가장 잘사는 나라인 아랍에미리트, 카타르, 그리고 사우디아라비아가 과연 대런 애쓰모글루와 제임스 A. 로빈슨 교수가 말하는 '이상적인 포용적 정치제도'를 갖춘 나라인지에 대해서는 의문이 든다. 이들 나라는 민주주의 국가가 아니며, 지도자를 투표로 뽑지도 않는다.

또 다른 반례로 중국을 들 수 있다. 중국은 공산당 1당 독재 체제로 시진핑 주석이 10년 넘게 권력을 잡고 있으며, 아랍에미리트나 사우디아라비아는 아예 왕정 국가다.

물론 이 책에서도 이에 대한 답이 제시되어 있다. 저자들은 '지금은 잘나가는 것처럼 보이지만, 이들 국가 역시 착취적인 정치제도 때문에 언젠가는 한계에 부딪히게 될 것'이라고 말한다.

경제 성장을 위해 중요한 것은 문제를 해결하는 능력을 키우는 것이다. 이를 위해서는 창의성이 필수적이며,

창의성을 키우기 위해서는 규칙을 깨고 실패도 경험하며 다른 방식으로 시도해보는 자유로움이 필요하다. 하지만 이들 사회에서는 그런 자유로움이 보장되지 않기 때문에 결국 한계에 부딪힐 것이라는 주장이다.

그러나 현재 시점에서는 아직 그 한계가 명확히 드러나지 않았다. 중국은 부동산 위기로 경제적 어려움을 겪고 있지만, 여전히 미국을 위협하는 유일한 국가로 손꼽히고 있다. 내가 거주하는 두바이 역시 하루가 다르게 계속 성장하고 있다. 빈 살만 왕세자가 이끄는 사우디아라비아 또한 네옴 프로젝트 등을 발표하며 전 세계의 주목을 받고 있다.

사회과학의 주장에는 절대적인 답이 없다고 한다. 방법론을 다르게 적용하면 완전히 다른 결과가 나올 수 있기 때문이다. 이런 이유로 완벽한 답변이 존재하지 않으며, 건강한 토론과 논쟁이 필요한 것이다.

마지막으로, 한국의 현직 외교관에게 같은 질문을 했을 때 들은 답변을 공유하고자 한다. 그 답을 들은 후 어느 정도 머릿속이 정리되었고 조금은 명쾌해졌다. 독자 여러분은 어떻게 생각할지 궁금하다. 어려운 주제를 가지고 여기까지 읽어준 독자들에게 감사를 표한다.

"언뜻 생각하기엔 시대 변화와 리더 때문이 아닐까요. 고대 이후 바그다드, 페르세폴리스, 다마스쿠스, 카이로와 알렉산드리아 모두 비단길(현대적으론 물류 중심)이었는데, 이러한 육상 물류의 흐름이 대항해시대 개막 이후 바다로 이동한 점도 그 하나겠네요. 하지만 이 대답으로는 현대 아랍에미리트 발전은 설명이 안 된다는 약점이 있는 듯합니다. (그렇기에) 결국 리더의 문제일 것 같습니다.

바그다드(알마문-지혜의 집), 다메섹(누르 앗딘 등), 페르세폴리스(다리우스 등 위대한 페르시아의 왕들), 알렉산드리아(알렉산드로스 왕의 자취) 등...

그들의 후손이 현재 리더의 면면을 보면 옛날을 그리워할 수밖에 없겠죠. 아랍에미리트의 발전은 리더의 중요성을 보여주는 사례일 것 같고. 아직 검증은 안 됐지만, 사우디가 다시 뜨는 이유도 리더의 새로움 때문이 아닐까 싶습니다."

참고문헌

도서

역사교육자협의회, 『세계사 밖의 세계사: 아랍편』, 채정자 옮김, 비안, 2004
앨버트 후라니, 『아랍인의 역사』, 김정명·홍미정 번역, 심산, 2010
대런 애쓰모글루·제임스 A. 로빈슨, 『국가는 왜 실패하는가』, 시공사, 2012
막스 베버, 『프로테스탄트 윤리와 자본주의 정신(완역본)』, 현대지성, 2018
재레드 다이아몬드, 『총 균 쇠: 인간 사회의 운명을 바꾼 힘』, 문학사상, 2013
제라르 드 네르발, 『칼리프 하캠 이야기/시바의 여왕과 정령들의 왕자 솔로몬 이야기』, 지식을만드는지식, 2015
이세형, 『중동 라이벌리즘』, 스리체어스, 2020
박정욱, 『중동은 왜 싸우는가? : 정체성의 투쟁, 중동사 21장면』, 지식프레임, 2018

제시카 힐·존 월시,《세계 문화 여행: 아랍에미리트》, 조유미 옮김,
    시그마북스, 2021
권태균, 지규택,《사막 위에 세운 미래, 아랍에미리트 이야기》,
    삼성경제연구소, 2014

학술논문·연구보고서

김강석,「불완전 주권과 중동의 정치 불안정」,『한국이슬람학회
    논총』30(1): 91-112, 2020
김양희,「포스트 코로나19 국제경제 질서의 전망과 정책 시사점」,
    『IFANS 주요국제문제분석』, 국립외교원 외교안보연구소,
    2020-11.
서정민,「이슬람국가(IS)의 이중적 이념구축: 동원과 타자화의 양적
    분석을 중심으로」,『중동연구』38(1): 23-48, 2019
공일주,「아랍어 꾸란의 이싸 이븐 마르얌에 대한 어휘 및 신학적
    연구」,『종교와 문화』21권, 2011

정부간행물

KOTRA,「사우디 수소 에너지 공급망 현황」, 23.12.23
대한무역투자진흥공사(KOTRA),『2025 중동 진출전략』,
    대한무역투자진흥공사, 2025
한국인터넷진흥원,『국가별 ICT 시장동향 - UAE』,
    한국인터넷진흥원, 2024

고용노동부·한국산업인력공단,『해외취업 완전정복 아랍에미리트』, 교보문고 Pubple, 2017
외교부,『아랍에미리트 개황』, 외교부, 2024
외교부,『사우디아라비아 개황』, 외교부, 2024
외교부,『카타르 개황』, 외교부, 2023

사이트

《Gulf News》, https://gulfnews.com.
《The National》, https://www.thenationalnews.com.
《연합뉴스》, http://www.yonhapnews.co.kr.
《조선일보》, http://www.chosun.com.
《News1》, http://www.news1.kr.
《머니투데이》, http://www.mt.co.kr.
《한국일보》, http://hankookilbo.com.
《전자신문》, https://m.etnews.com.
《둘라의 아랍 이야기》, https://www.dullahbank.com.
UAE 문화관광부 https://dct.gov.ae.
두바이 관광청 https://www.visitdubai.com.
아부다비 관광청 https://visitabudhabi.ae.
샤르자 관광청 https://www.visitsharjah.com.